BARBARA
KÜNDIG

LIFE
Mastery

Das Arbeitsbuch

WINDPFERD

1. Auflage 2019
© 2018 Windpferd Verlagsgesellschaft mbH, Oberstdorf
Alle Rechte vorbehalten
Layout und Umschlaggestaltung: Jennifer Jünemann | www. bitdifferent.de
unter Verwendung eines Fotos von David Anderson auf Unsplash
Illustrationen im Innenteil: seamartini auf 123rf.de
Autorenfoto: Tina Steinauer
Lektorat: Sylvia Luetjohann
Druck und Bindung: Aumüller Druck GmbH & Co KG, Regensburg
Papier aus nachhaltiger Forstwirtschaft entsprechend den Richtlinien des FSC

Printed in Germany
ISBN 978-3-86410-201-1
www.windpferd.de

Inhalt

Ein herzliches Willkommen

Immer wieder hören und lesen wir gute Tipps und Ideen, die uns dazu animieren, unsere Gewohnheiten zu ändern. Oft aber sind wir kurz darauf wieder im gleichen Alltagstrott gefangen, ohne etwas nachhaltig verändert zu haben. Warum? Uns hat wohl ein Mentor gefehlt, der uns immer wieder liebevoll, aber bestimmt aufgefordert hat, am Thema dran zu bleiben. Genau hier setzt dieses Tagebuch an. Es ist ein Begleiter, der dir über einen überschaubaren Zeitraum zur Seite steht, bis du neue Verhaltensweisen verinnerlicht hast. Du musst dir dafür keine 12 Wochen als Auszeit nehmen. Im Gegenteil! Ich lade dich mit diesem Tagebuch dazu ein, dich 5-10 Minuten am Tag in deinem Alltag mit Gelassenheit und der Meisterschaft deines eigenen Lebens zu befassen.

Dieses Tagebuch begleitet dich über die nächsten 12 Wochen auf deinem Weg in die vollkommene Gelassenheit und die Meisterschaft deines Lebens. Jede Woche ist einem der 12 wichtigen Schritte in die vollkommene Gelassenheit gewidmet. Für jeden Tag gibt es eine vorbereitete Seite mit:

1. deinem täglichen Affirmationsritual
2. deiner Tagesaffirmation
3. deiner täglichen Gelassenheitsübung
4. der Tagesaufgabe zur Vertiefung des jeweiligen Schrittes
5. der Anerkennung deiner Erfolge

Die 12 Schritte
zur vollkommenen Gelassenheit

Zum Einstieg stelle ich dir gerne die 12 Schritte vor, damit du verstehst, während du das Arbeitsbuch führst, worum es in den einzelnen Schritten geht. Es sind die 12 praxiserprobten Schritte, die dir den Weg zur vollkommenen Gelassenheit und der Meisterschaft deines Lebens ebnen. Die Inhalte sind nicht gänzlich neu: Sie enthalten Weisheiten, die uns die Weisen, die Yogis, die Heiligen und die Lebenslehrer der Menschheit schon vor vielen Jahren mit auf den Weg gegeben haben.

1   Erkenne deine *Herzenswünsche* als Leuchttürme an

Wenn du deine Herzenswünsche erkennst und anerkennst, kannst du dir daraus ein Ziel ableiten, eine Richtung, die du deinem Leben geben willst. Dann werden sich deine gesamte Energie und auch deine Gedanken darauf ausrichten. Wenn du deine Wünsche kennst, dann wird dir bewusst, wozu du deine Energie nutzen willst und wie sie zu kanalisieren ist. Dein Leben bekommt einen Fokus. Diesem Fokus – deinem persönlichen Leuchtturm – zu folgen wird dir zu einer inneren Sicherheit verhelfen, dass du auf dem richtigen Weg bist und dass dein Leben für dich Sinn macht.

Spüre ganz tief in dich hinein, was momentan in dir lebendig ist, welche Wünsche du in dir spüren kannst.

Gerne lade ich dich in einem nächsten Schritt dazu ein, dass du deine Herzenswünsche konkretisierst. Vielleicht formulierst du sie sogar in ein konkretes Ziel um, sodass du dir bewusst darüber wirst, in welche Richtung du dein Leben in den kommenden Tagen, Monaten oder auch Jahren steuern wirst. Wenn du ein klares Ziel vor Augen hast, kannst du deine gesamte mentale Energie – deine Gedanken – darauf ausrichten. Auch dein Unterbewusstsein wird sich automatisch darauf ausrichten, dieses Ziel zu erreichen.

2 NUTZE DIE *Energie* DEINER *Gedanken*

Gedanken sind nichts anderes als Energie in einer anderen als der feststofflichen Form. Wenn du dich umschaust, siehst du vielleicht Materie: einen Tisch, eine Bank, einen Stuhl; wenn du in die Natur gehst, siehst du Bäume, Steine, Pflanzen, und du siehst auch immer wieder viele Menschen um dich herum. Alle diese Dinge sind Formen von Energie – Energie, die eine dichtere Form angenommen hat. Auch deine Gedanken und deine Gefühle sind Energieformen. Je bewusster du dir deiner Gedanken bist, desto zielgerichteter und kraftvoller kannst du die Energie deiner Gedanken nutzen.

Wenn du deinen Herzenswünschen und Projekten Kraft verleihen willst, dann achte auf konstruktive Gedanken. Schon ein einziger Gedanke kann einen Einfluss darauf haben, wie sich die Dinge entwickeln.

Wähle also aus diesem Grund deine Gedanken ganz bewusst, weil du weißt: Jeder Gedanke, der in deinem Kopf auftaucht, wird in der Außenwelt die entsprechende Form erlangen.

3 *Lass* ALTES UND VERBRAUCHTES *los*

Wir alle tragen alte Geschichten, unnötige Gedanken, überholte Überzeugungen, Vorstellungen und Ideen mit uns herum, die ich zusammenfassend „alten Trödel" nenne. Es macht wenig Sinn, planlos einfach irgendwelchen alten Trödel anzuhäufen, täglich neuen dazukommen zu lassen und so deinen inneren Raum damit vollzustopfen. Der Trödel kostet dich Energie und Kraft und besetzt deinen mentalen Raum. Weitergebracht hat er dich nicht. Darum darfst du ihn jetzt gerne – mit Freude – loslassen.

Gleichzeitig wirst du auch merken, welche wichtigen Gedanken und Vorstellungen du noch in deinem inneren Raum haben möchtest. Gibt es welche, die du bereits gepflegt hast? Die weiterhin in deine Wohlfühloase oder deinen inneren Raum passen?

Vielleicht machst du es dir zur Gewohnheit, einmal täglich oder einmal pro Woche deine mentale Ordnung erneut anzuschauen. Das Loslassen wird natürlich bewirken, dass du viel mehr Platz hast für das Neue und das Kraftvolle. Es ist so, als würdest du im Garten gewisse Pflanzen aus einem Blumenbeet herausnehmen, dann können die anderen besser wachsen. Du wirst sehen, dass die ausgewählten Gedanken und Vorstellungen bald viel mehr Kraft bekommen. So kannst du diejenigen Dinge entstehen lassen, die dir wirklich wichtig sind: diejenigen Dinge, die du in deinem Leben kreieren möchtest. Ich lade dich also herzlich ein, für eine innere Ordnung zu sorgen und dich immer wieder im Loslassen zu üben.

4 TRIFF *Entscheidungen* MITHILFE DEINER *Intuition*

Die Intuition ermöglicht es dir, Hinweise und Botschaften aus dem Feld der zeitlich und räumlich uneingeschränkten Informationen zu erhalten, die du dir nicht in deinem Kopf zurechtlegen musst. Wir sind es durch unsere Sozialisierung gewöhnt, uns nur auf Fakten zu verlassen, die wir irgendwo sehen, hören oder lesen. Wir haben viele Jahre in der Schule gelernt und uns darin geübt, rational zu argumentieren und Lösungen zu diversen Problemen zu finden.

Die Intuition ist der Partner von unserem rationalen Geist. Es würde keinen Sinn machen, sie als Gegner zu sehen, denn es würde nur Stress entstehen, wenn Intuition und Ratio sich bekämpfen. Wenn wir die beiden sinnvoll zusammenarbeiten lassen, werden wir den größten Nutzen aus beiden ziehen. Sieh sie als gut zusammenpassende und sich ergänzende Partner an. Partner zu sein heißt, gleichberechtigt zu sein. Tatsächlich ist es so, dass die Intuition oftmals als weniger relevant angesehen wird, wir missachten unsere innere Stimme.

Die Intuition hat eine andere Funktionsweise als die Ratio. Die Intuition bringt dir nur diejenigen Informationen, die momentan für dich von Wichtigkeit sind, die dir einen nächsten Schritt aufzeigen oder dir bei einer Entscheidung helfen.

Um einen bestmöglichen Zugang zur Intuition zu haben, ist es gut, wenn du möglichst entspannt bist und dein Geist ruhig und unvoreingenommen.

5 WERDE *Herrin* ÜBER DEINE *Glaubenssätze*

Unser Handeln wird zu einem großen Teil davon bestimmt, welche Überzeugungen wir haben. Oftmals sind konkrete Resultate oder Erfolge gar nicht darin zu suchen, dass du etwas besonders gut gemacht hast oder dass du besonders gescheit bist. Der Erfolg ist darin zu suchen, dass du die richtigen Überzeugungen hast, die auch Glaubenssätze genannt werden. Ein Glaubenssatz ist ein Satz, den du für wahr hältst. Wir alle tragen viele Glaubenssätze über uns selbst mit uns herum: wie wir sind, was wir können und was uns liegt. Noch viel ausgeprägter haben wir Glaubenssätze darüber, was wir nicht können. Diese Glaubenssätze haben wir uns in den allermeisten Fällen unbewusst angeeignet. Dies kann durch Erfahrungen, die wir gemacht haben, geschehen sein. Oder wir haben Dinge, die andere Menschen gesagt haben, einfach angenommen und sie uns zu eigen gemacht.

Übe dich darin, deine Glaubenssätze zu erkennen, und gewöhne dir auch an, sie kritisch zu hinterfragen: Ist das überhaupt meines oder habe ich das von irgendwo angenommen oder übernommen und gar nicht selbst entschieden, dass ich dies wirklich glauben will?

Sobald du merkst, dass ein Glaubenssatz gar nicht eine gewünschte und selbst gewählte Überzeugung von dir ist, dann ersetze ihn. Das könnte beispielsweise sein, dass du dir sagst: „Ich habe alle Möglichkeiten, meine Ziele zu erreichen", „Wenn ich etwas will, ist mir das möglich", oder „Ich kann meine Begabungen ständig erweitern".

6 GENIESSE DAS *Freisein* VON BEWERTUNGEN

Solange du noch nicht Meisterin deines Lebens und in der vollkommenen Gelassenheit verankert bist, ist dein Geist oft damit beschäftigt, die Dinge um dich herum zu bewerten. Dies hilft ihm, Ordnung zu schaffen und den Überblick zu behalten, wenn er Dinge in „gut" oder „schlecht" einteilen kann. So macht die Welt viel mehr Sinn für ihn und bleibt überschaubar.

Das Kategorisieren kostet dich viel Energie, die dir nicht für deine Herzenswünsche zur Verfügung steht. Dein Geist scheint dazu bereit zu sein, diesen Nachteil auf sich zu nehmen. Bedenke jedoch, dass deine Müdigkeit zum Teil daher kommen kann, weil du in destruktiven – oder zumindest nicht-konstruktiven – Denkmustern verstrickt bist.

Ändere diese Gewohnheit deines Geistes. Gewöhne dir an, Bewertungen umzuformulieren, wenn du sie erkennst. Wenn dein Geist dir innerlich sagt: „Ich mag es nicht, dass es regnet" oder „Es ist nicht schön, dass es heute regnet", dann ändere den Satz und sage dir einfach: „Es regnet." Stell ganz neutral fest, wie du die Dinge im Moment wahrnimmst.

7 ERKENNE DEINE *Gefühle* VOLL UND GANZ AN

Unsere Gefühle sind eigentlich wie Wellen am Strand, sie kommen und gehen. Manchmal kannst du die Welle sogar sehr gut ankommen spüren, du merkst, wie eine Freude in dir hochsteigt oder ein Ärger oder sogar eine Wut. Manchmal merkst du auch, wie sie dann wieder von dir wegzieht, aber manchmal lässt du sie eben auch nicht weiterziehen.

Wenn du ein Gefühl zu lange bei dir behältst, die Welle nicht weiterziehen lässt, beginnen die Gedanken sich einzumischen. Diese beginnen vielleicht das Gefühl aufzuwerten oder abzuwerten. Vielleicht beginnen deine Gedanken auch, dich dafür zu kritisieren, dass du dieses Gefühl überhaupt hast. Dabei ist es wichtig zu erkennen, dass Gefühle etwas ganz Natürliches sind und ganz klar zu unserem Leben gehören. Wichtig ist dabei, ihre natürliche Dynamik zu erkennen und nicht zu stark einzugreifen. Vielleicht erkennst du Tendenzen an dir, dich in Gefühle zu verstricken und diese länger als nötig bei dir zu behalten. Dann werde dir immer wieder bewusst, dass das Gefühl, das du im Moment gerade verspürst, wie die Welle im Meer ist und sich auch wieder weg von dir bewegen wird.

8 LASS DEIN *Energiefeld* DICH *schützen* UND *stärken*

Wir Menschen besitzen nicht nur unseren physischen Körper, der aus Knochen, Muskeln, Sehnen, Haut, allen Organen, dem Blut und vielem mehr besteht. Dieser physische Körper wird umgeben und durchdrungen vom feinstofflichen Körper. Darin sind ganz viele Hinweise über unseren aktuellen Zustand gespeichert. Zudem finden wir darin auch Informationen über unsere Vergangenheit, über unsere Gefühle und auch über unsere Gedanken. Des Weiteren dient unser Energiefeld dazu, Informationen aus unserem Umfeld wahrzunehmen.

Dein Energiefeld kann sich beliebig verkleinern, vergrößern, in Form und Inhalt verändern. Das kann sehr plötzlich geschehen, ohne dass du dir dessen bewusst bist. Jedoch kannst du auch darauf Einfluss nehmen, ob dein Energiefeld sich zusammenzieht, oder du kannst auch bewirken, dass sich dein Energiefeld ausdehnt, beispielsweise durch Visualisieren der Form oder von Farben im Energiefeld.

Eine weitere Möglichkeit, dein Energiefeld positiv zu beeinflussen, besteht darin, dass du über die Atmung Energie in dieses Feld hineinströmen lässt.

9 *Öffne* DEIN *Herz*

In deinem Brustraum befindet sich dein energetisches Herzzentrum, das vierte unserer sieben Hauptenergiezentren, den Chakren. Einerseits ist das Herzzentrum zuständig für die Energie, die Liebe, die du anderen zukommen lässt. Andererseits fließt die Energie dieses Chakras auch hin zu dir selbst. Es reguliert daher auch die Liebe oder Selbstliebe, die Zuneigung, die emotionale Wärme, die du dir selbst zukommen lässt.

Ein geschlossenes Herzchakra deutet darauf hin, dass die Liebe nicht frei fließen kann. Schwierige Ereignisse in der Außenwelt, Vorkommnisse mit anderen Menschen können einen Einfluss auf das Herzchakra haben (umgekehrt haben schöne Erlebnisse natürlich einen öffnenden Effekt). Aber auch negative Gedanken und Bewertungen über dich selbst werden dazu führen, dass sich das Herzchakra schließt. In der Folge wirst du nicht mehr mit der notwendigen emotionalen Unterstützung deinerseits an deine Aufgaben herangehen können.

Öffne daher immer wieder dein Herzchakra und lass dir und deinem Umfeld Herzensenergie zukommen.

10   *Vertiefe* DAS *Vertrauen*

Vertrauen heißt einerseits Vertrauen in dich selbst – die Qualitäten, die Eigenschaften, auf die du dich ganz sicher verlassen kannst.

Auf der anderen Seite darfst du aber auch auf eine Kraft vertrauen, die viel größer ist als du selbst. Du bist eingebettet in etwas Größeres. Es gibt eine Kraft, die alle Menschen umfasst, durchdringt, die dich bei all deinen Vorhaben unterstützt. Dafür gibt es die verschiedensten Bezeichnungen. Ich nenne es oft das universelle Bewusstsein. Vielleicht hast du diese Kraft auch schon in deinem Leben gespürt und die Unterstützung, die du dadurch erhältst, wahrgenommen.

Beobachte immer wieder, in welchen Situationen und unter welchen Umständen dein Vertrauen bestätigt wird. So lernst du diese alles durchdringende Kraft immer besser kennen und kannst das Vertrauen darauf natürlich wachsen lassen.

11   NUTZE DEINE *Schöpferkraft*

Wenn du ruhig und gelassen bist, ist es so, als ob ein Raum geöffnet würde, in den die Dinge eingeladen werden, die du dir wünschst. Als Meisterin deines Lebens kannst du deine volle Schöpferkraft nutzen. Wenn andererseits dein Energiefeld blockiert ist durch negative Gedanken, entstehen kein Raum und keine Möglichkeit, dass deine Wünsche sich manifestieren.

Ich schlage dir folgendes konkretes Vorgehen vor, um deine Schöpferkraft zu nutzen:

1. Spüre in dein Herz hinein, was du dir wirklich wünschst. Sei dabei so klar wie möglich. Kreiere nur Dinge, die zum höchsten Wohle aller sind.

2. Lass innerlich dann wieder los.

3. Sei im Herzen bereit, die Fülle des Lebens zu empfangen. Sei aber auch flexibel in der konkreten Ausgestaltung deiner Kreation.

4. Sei unendlich dankbar für alles, was das Leben dir schenkt.

12   LEBE *Spiritualität*

Als Meisterin deines Lebens eröffnen sich dir neue Dimensionen deiner Existenz. Du kommst in Kontakt mit deinem Innersten – deiner Essenz.

Gleichzeitig erfährst du auf ruhige und selbstverständliche Art und Weise, dass du Teil von etwas viel Größerem – dem universellen Bewusstsein – bist. Du bist nicht als isoliertes Wesen hier auf dieser Welt. Du bist als Individuum eingebettet in etwas Größeres, ähnlich einem Tropfen im Ozean.

Durch die tiefe innere Ruhe und das Vertrauen, das du durch die vorherigen Schritte erlangt hast, wirst du je länger je mehr dieses Eingebettet-Sein wahrnehmen. Du wirst erfahren, dass Spiritualität ein ganz natürlicher und fester Bestandteil deines Lebens ist.

Vorbereitung

Anleitung

Beginne jeden Tag damit, dass du in deinem Tagebuch das Datum einträgst und dann die Fragen beantwortest und die Übungen machst. Mach es dir zur Gewohnheit, dies zur ersten Tätigkeit deines Tages zu machen. So startest du mit positiver Energie in den Tag und hast die Gewissheit, dass es nicht untergeht.

1. Tägliches Gelassenheits-Affirmationsritual

Lege deine Hände auf dein Herz, damit du die Schwingungsenergie deiner Affirmationen spürst. Lese nun die Gelassenheits-Affirmationen laut und mit Überzeugung vor, am besten vor einem Spiegel.

2. Tagesaffirmation passend zum Wochenthema

In deinem Tagebuch findest du bei jedem Tag eine zusätzliche Affirmation, die dich durch diesen Tag begleitet. Diese Affirmation verinnerlichst du mit einer ganzheitlichen Übung, die unsere visuelle, auditive, kinästhetische und spirituelle Seite anspricht. Die ganze Übung dauert rund zwei Minuten und ist auf Seite 12 genauer beschrieben.

3. Meine heutige Gelassenheit

Hier lade ich dich ein, dir zu überlegen, was du dir heute Gutes tust, das dich in deiner Gelassenheit unterstützt. Das darf etwas Kleines sein wie ein Fußbad, ein feiner Tee oder etwas Spezielles zum Nachtessen oder ein Spaziergang im Wald. Wichtig ist, dass du es hier notierst, und noch viel wichtiger, dass du es machst! Dieser Teil ist essentiell, weil du dir auf diese Weise angewöhnst, neben vielen anderen Dingen auch immer wieder an dich selbst zu denken. Du bist schließlich der wichtigste Mensch in deinem Leben!

4. Tägliche Aufgabe, passend zum Wochenthema

Jeden Tag gebe ich dir eine kleine Aufgabe und Beobachtungen mit auf den Weg. Du hast auf jeder Tagesseite Platz, um dir deine Überlegungen und Gedanken dazu zu notieren. Denke nicht zu lange über Antworten zu den Aufgaben nach. Notiere dir, was dir als Erstes zur Aufgabe durch den Kopf geht. Du willst auf dein Herz hören, nicht auf deinen Intellekt. Die Aufgaben haben immer einen Bezug zum gerade aktuellen Wochenthema. An gewissen Tagen lade ich dich ein, etwas über den Tag zu beobachten. Notiere dir in diesem Fall die Antworten am Abend.

5. Erkenne deinen Erfolg an

«Gleiches zieht Gleiches an», «Positives zieht Positives an». Das ist dir bestimmt bewusst. Darum ist es wichtig, dass du dir deine Erfolge bewusst machst. Das dürfen ganz kleine Schritte oder Erfolgserlebnisse sein. Suche vor allem nicht nach Punkten, die du besser hättest machen können. Das bremst dich nur. Suche nach Positivem! Dies hilft dir, dein positives Selbstbild zu stärken, was wiederum eine Grundvoraussetzung für Gelassenheit ist. Deshalb ist es egal, aus welchem Bereich deine Erfolge stammen.

Hier nenne ich dir einige mögliche Erfolge:

> *Ich habe heute die fünf Punkte aus meinem Gelassenheitstagebuch abgeschlossen*

> *Ich habe heute meinen geplanten Spaziergang gemacht*

> *Ich habe heute meiner Arbeitskollegin einen Kaffee gebracht*

> *Ich habe heute fünf Menschen ein Lächeln geschenkt*

Am Ende jeder Seite findest du ein Stimmungsbarometer, in dem du deine Stimmung und dein Energieniveau festhalten und auf einer Skala von 1-10 eintragen kannst. 1 würde heißen: Stimmung und Energieniveau sind im Keller, 10 würde bedeuten: heute ist alles topp!

Am Ende jeder Woche kannst du deine Werte in die Zusammenfassung übertragen.

Dies dient dir dazu, die vergangene Woche nochmals kurz zu reflektieren und Veränderungen bewusster wahrzunehmen.

WAS DARFST DU ERWARTEN?

Wenn du dieses Tagebuch mit all seinen Fragen und deinen Antworten zu deinem ständigen Begleiter machst, wirst du nicht nur viel gelassener in deinem Leben, sondern auch glücklicher, kreativer, vertrauensvoller und vieles mehr.

Bleibe offen für Wunder. Das Universum funktioniert auf wundersame Art und Weise. Kleine Wunder geschehen die ganze Zeit über, wir nehmen sie nur nicht wahr. Wenn du dich im Verlauf dieses Prozesses glücklich oder fröhlich fühlst, vergiss nicht, dem Universum «Danke» zu sagen und anzuerkennen, dass dieses Tagebuch dich auf deiner Reise unterstützt.

Wenn du magst, darfst du mir deine Erfolge auch per Mail mitteilen. Dann habe ich eine ganz spezielle Überraschung für dich: Wenn du das ganze Arbeitsbuch konsequent in 12 Wochen durcharbeitest – was ich dir wirklich sehr ans Herz lege und dies mir am Ende per Mail mitteilst, dann erhältst du eine ganz spezielle Überraschung von mir zugesandt. Ich freue mich auf deine Nachricht!

Barbara Kündig

backoffice@barbara-kuendig.ch

ÜBUNGSANLEITUNG ZUR TAGESAFFIRMATION

Die Tagesaffirmation, die du auf jeder Tagesseite passend zum aktuellen Wochenthema findest, wird mit dieser ganzheitlichen Übung verinnerlicht. Die Übung hilft dir, die linke und die rechte Hirnhälfte zu integrieren, deine logische mit deiner kreativen Seite zu verbinden. Diese Übungen sind ein äußerst effizienter Weg, die Affirmationen tief ins Unterbewusstsein zu bringen und eingeschliffene Verhaltensweisen zu verändern.

1. VISUELL

Stell dich zwei bis drei Meter vor eine leere Wand und «zeichne» mit deinen Augen eine große liegende Acht an diese Wand, während du die Affirmation laut aussprichst und 30 Sekunden lang wiederholst.

2. AUDITIV

Massiere den äußeren Rand beider Ohren gleichzeitig mit Daumen und Zeigefinger. Beginne oben an den Ohren und rolle und ziehe sie sanft nach außen und hinten bis hinunter zum Ohrläppchen. Wiederhole dies von oben nach unten 30 Sekunden lang, während du die Affirmation sprichst.

3. KINÄSTHETISCH

Hebe 30 Sekunden lang abwechselnd deine Knie an und bewege dabei schwungvoll den rechten Arm zum linken Knie und umgekehrt. Sprich dazu die Affirmation.

4. SPIRITUELL

Lege deine Hände auf dein Herz und schließe deine Augen. Sprich nun 30 Sekunden lang die Affirmation aus tiefstem Herzen und spüre die Vibration deiner Stimme.

Hier findest du ein Video, in dem ich dir diese Übungen noch einmal im Detail vorstelle:

www.youtube.com/watch?v=yR6qBvnYlUg

Das Gelassenheits-Affirmationsritual

1. Ich gönne mir meine *Herzenswünsche*.

2. Ich wähle meine Gedanken *bewusst*.

3. Ich *lasse* all die Dinge, die mir nicht guttun, *los*.

4. Ich treffe alle meine Entscheidungen mit *Leichtigkeit* und *Vertrauen*.

5. Meine Glaubenssätze *unterstützen* meine tiefsten Wünsche.

6. Ich *nehme* die Dinge so *an*, wie sie sind.

7. Ich lasse die *Gefühle*, die mir nicht guttun, wieder los.

8. Meine wunderbaren *Qualitäten* spiegeln sich in meinem Energiefeld wider.

9. Ich *liebe*.

10. Ich erlaube mir, die alles durchdringende *Kraft* zu spüren.

11. Ich kreiere *Fülle* und *Liebe*.

12. Ich bin *verbunden* mit allem.

Woche 1:

1. Tag

DATUM:

ERKENNE DEINE *Herzenswünsche* ALS LEUCHTTÜRME AN

---

1. TÄGLICHES GELASSENHEITS-AFFIRMATIONSRITUAL

Lies die Gelassenheits-Affirmationen auf Seite 13 laut und mit Überzeugung vor, am besten vor einem Spiegel.

2. TAGESAFFIRMATION

ICH SPÜRE MEINE *Herzenswünsche.*

3. MEINE HEUTIGE GELASSENHEIT

Um meine Gelassenheit zu stärken, werde ich mir heute Folgendes gönnen:

. . . .

. . . .

. . . .

4. TAGESAUFGABE

Welche Herzenswünsche hast du? Schließe die Augen und spüre einen Moment in dein Herz hinein. Was ist dir ganz besonders wichtig, was möchtest du erfüllt sehen? Schreibe die drei wichtigsten Wünsche auf. Welcher davon ist momentan der allerwichtigste?

. . . .

. . . .

. . . .

. . . .

. . . .

5. ERKENNE DEINEN ERFOLG AN

Nenne mindestens fünf Erfolge, die du heute erlebt hast.

. . . .

. . . .

. . . .

DEINE HEUTIGE GELASSENHEIT:

① ② ③ ④ ⑤ ⑥ ⑦ ⑧ ⑨ ⑩

DEIN HEUTIGES ENERGIELEVEL:

① ② ③ ④ ⑤ ⑥ ⑦ ⑧ ⑨ ⑩

15

ERKENNE DEINE *Herzenswünsche* ALS LEUCHTTÜRME AN

---

1. TÄGLICHES GELASSENHEITS-AFFIRMATIONSRITUAL

Lies die Gelassenheits-Affirmationen laut und mit Überzeugung vor, am besten vor einem Spiegel.

2. TAGESAFFIRMATION

MEINE *Herzenswünsche* ERFÜLLEN SICH MIT LEICHTIGKEIT.

3. MEINE HEUTIGE GELASSENHEIT

Um meine Gelassenheit zu stärken, werde ich mir heute Folgendes gönnen:

....

....

....

4. TAGESAUFGABE

Schließe deine Augen und visualisiere dich – das heißt, sieh dich vor deinem inneren Auge –, wenn sich deine Herzenswünsche erfüllt haben. Wie fühlst du dich? Wie sieht es um dich herum aus? Wie riecht es? Was hörst du? Was kannst du anfassen? Notiere dir diese Eindrücke.

....

....

....

....

....

5. ERKENNE DEINEN ERFOLG AN

Nenne mindestens fünf Erfolge, die du heute erlebt hast.

....

....

....

DEINE HEUTIGE GELASSENHEIT:

①–②–③–④–⑤–⑥–⑦–⑧–⑨–⑩

DEIN HEUTIGES ENERGIELEVEL:

①–②–③–④–⑤–⑥–⑦–⑧–⑨–⑩

ERKENNE DEINE *Herzenswünsche* ALS LEUCHTTÜRME AN

---

1. TÄGLICHES GELASSENHEITS-AFFIRMATIONSRITUAL

Lies die Gelassenheits-Affirmationen laut und mit Überzeugung vor, am besten vor einem Spiegel.

2. TAGESAFFIRMATION

ICH ÖFFNE MICH NEUNEN *Möglichkeiten.*

3. MEINE HEUTIGE GELASSENHEIT

Um meine Gelassenheit zu stärken, werde ich mir heute Folgendes gönnen:

. . . .

. . . .

. . . .

4. TAGESAUFGABE

Welche alte Geschichte oder welches alte Muster oder welche Verhaltensweise lässt du los, um deine Herzenswünsche zu erreichen?

Notiere dir dies auf ein separates Blatt Papier und wirf dieses in den Müll oder noch wirkungsvoller: Verbrenne es!

. . . .

. . . .

. . . .

. . . .

. . . .

5. ERKENNE DEINEN ERFOLG AN

Nenne mindestens fünf Erfolge, die du heute erlebt hast.

. . . .

. . . .

. . . .

DEINE HEUTIGE GELASSENHEIT: DEIN HEUTIGES ENERGIELEVEL:

①－②－③－④－⑤－⑥－⑦－⑧－⑨－⑩   ①－②－③－④－⑤－⑥－⑦－⑧－⑨－⑩

Woche 1:

ERKENNE DEINE *Herzenswünsche* ALS LEUCHTTÜRME AN

1. TÄGLICHES GELASSENHEITS-AFFIRMATIONSRITUAL

Lies die Gelassenheits-Affirmationen laut und mit Überzeugung vor, am besten vor einem Spiegel.

2. TAGESAFFIRMATION

DAS *Universum* UNTERSTÜTZT MICH
BEI ALL MEINEN HERZENSWÜNSCHEN.

3. MEINE HEUTIGE GELASSENHEIT

Um meine Gelassenheit zu stärken, werde ich mir heute Folgendes gönnen:

....

....

....

4. TAGESAUFGABE

Sprich heute mit jemandem aus deinem Umfeld über deinen Herzenswunsch. Wähle eine konstruktive unterstützende Person. Notiere dir die Erfahrung, die du dabei machst.

....

....

....

....

....

5. ERKENNE DEINEN ERFOLG AN

Nenne mindestens fünf Erfolge, die du heute erlebt hast.

....

....

....

DEINE HEUTIGE GELASSENHEIT:

①—②—③—④—⑤—⑥—⑦—⑧—⑨—⑩

DEIN HEUTIGES ENERGIELEVEL:

①—②—③—④—⑤—⑥—⑦—⑧—⑨—⑩

ERKENNE DEINE *Herzenswünsche* ALS LEUCHTTÜRME AN

---

1. TÄGLICHES GELASSENHEITS-AFFIRMATIONSRITUAL

Lies die Gelassenheits-Affirmationen laut und mit Überzeugung vor, am besten vor einem Spiegel.

2. TAGESAFFIRMATION

MEIN GRÖSSTER HERZENSWUNSCH IST MEIN *Leuchtturm*.

3. MEINE HEUTIGE GELASSENHEIT

Um meine Gelassenheit zu stärken, werde ich mir heute Folgendes gönnen:

. . . .

. . . .

4. TAGESAUFGABE

Finde für dich heraus, welche körperlichen Empfindungen und Wahrnehmungen du hast, wenn du an deinen größten Herzenswunsch denkst. Wird es dir warm ums Herz, entspannen sich dein Bauch oder deine Schultern, spürst du Entspannung im ganzen Körper oder zaubert dir dein Herzenswunsch ein Lächeln auf die Lippen? Speichere diese Eindrücke in deinem Körper ab, sodass du sie jederzeit wieder hervorholen kannst.

Schreibe dir auf, was du in deinem Körper fühlst.

. . . .

. . . .

. . . .

. . . .

. . . .

5. ERKENNE DEINEN ERFOLG AN

Nenne mindestens fünf Erfolge, die du heute erlebt hast.

. . . .

. . . .

. . . .

DEINE HEUTIGE GELASSENHEIT:

①-②-③-④-⑤-⑥-⑦-⑧-⑨-⑩

DEIN HEUTIGES ENERGIELEVEL:

①-②-③-④-⑤-⑥-⑦-⑧-⑨-⑩

Woche 1:

6. Tag

DATUM:

ERKENNE DEINE *Herzenswünsche* ALS LEUCHTTÜRME AN

---

1. TÄGLICHES GELASSENHEITS-AFFIRMATIONSRITUAL

Lies die Gelassenheits-Affirmationen laut und mit Überzeugung vor, am besten vor einem Spiegel.

2. TAGESAFFIRMATION

DURCH DIE FOKUSSIERUNG AUF MEINEN *Herzenswunsch* ERFÜLLT ER SICH VON ALLEINE.

3. MEINE HEUTIGE GELASSENHEIT

Um meine Gelassenheit zu stärken, werde ich mir heute Folgendes gönnen:

. . . .

. . . .

. . . .

4. TAGESAUFGABE

Was tust du heute ganz konkret, um deinem größten Herzenswunsch einen Schritt näher zu kommen und eine positive Veränderung einzuleiten? Dies kann eine E-Mail, ein Telefonat, eine konkrete Recherche oder Ähnliches sein.

. . . .

. . . .

. . . .

. . . .

. . . .

5. ERKENNE DEINEN ERFOLG AN

Nenne mindestens fünf Erfolge, die du heute erlebt hast.

. . . .

. . . .

. . . .

DEINE HEUTIGE GELASSENHEIT: DEIN HEUTIGES ENERGIELEVEL:

①—②—③—④—⑤—⑥—⑦—⑧—⑨—⑩   ①—②—③—④—⑤—⑥—⑦—⑧—⑨—⑩

ERKENNE DEINE *Herzenswünsche* ALS LEUCHTTÜRME AN

---

1. TÄGLICHES GELASSENHEITS-AFFIRMATIONSRITUAL

Lies die Gelassenheits-Affirmationen laut und mit Überzeugung vor, am besten vor einem Spiegel.

2. TAGESAFFIRMATION

ALLE MEINE *positiven Gedanken* MANIFESTIEREN SICH JETZT!

3. MEINE HEUTIGE GELASSENHEIT

Um meine Gelassenheit zu stärken, werde ich mir heute Folgendes gönnen:

. . . .

. . . .

. . . .

4. TAGESAUFGABE

Schaue um dich herum: Wo in der Außenwelt siehst du bereits, dass dein Herzenswusch dabei ist, sich zu erfüllen?

Notiere dir deine Eindrücke und Erkenntnisse.

. . . .

. . . .

. . . .

. . . .

. . . .

5. ERKENNE DEINEN ERFOLG AN.

Nenne mindestens fünf Erfolge, die du heute erlebt hast.

. . . .

. . . .

. . . .

DEINE HEUTIGE GELASSENHEIT:

① ② ③ ④ ⑤ ⑥ ⑦ ⑧ ⑨ ⑩

DEIN HEUTIGES ENERGIELEVEL:

① ② ③ ④ ⑤ ⑥ ⑦ ⑧ ⑨ ⑩

REFLEXIONEN ZUR WOCHE 1

ERKENNE DEINE *Herzenswünsche* ALS LEUCHTTÜRME AN

1. DANKBARKEIT

Menschen, die dankbar sind, haben eine positive Grundeinstellung. Dies wiederum unterstützt eine tiefe Gelassenheit. Dankbarkeit ist nicht angeboren. Dankbarkeit kann erlernt werden. Aus diesem Grund lade ich dich ein, kurz darüber nachzudenken, wofür du in der letzten Woche dankbar sein darfst. Schreibe dazu mindestens fünf Punkte auf.

. . . .

. . . .

. . . .

2. VERÄNDERUNG

Was hat dich in der ersten Woche persönlich am stärksten berührt? Schließe die Augen und spüre in dich hinein. Was ist es?

Notiere dir diesen Punkt und überlege dir, was du ab sofort im Alltag ändern kannst, damit dieser Punkt fester Bestandteil deines Lebens wird. Schreibe diese Veränderung auf.

Das muss nichts Großes sein. Vielleicht hast du dir jeden Tag eine Stunde ohne Mobiltelefon gegönnt oder du hast gemerkt, wie gut es dir tut, den Tag mit dem Affirmationsritual zu beginnen.

. . . .

. . . .

. . . .

3. ENTWICKLUNG

Übertrage die Werte der letzten sieben Tage in die Diagramme.

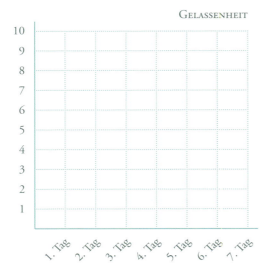

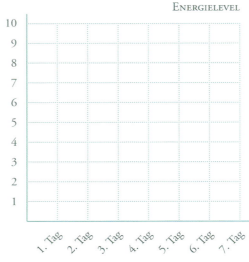

GELASSENHEIT   ENERGIELEVEL

Ø GELASSENHEIT:

Ø ENERGIELEVEL:

Berechnung des Durchschnitts: SUMME / 7

---

1. TÄGLICHES GELASSENHEITS-AFFIRMATIONSRITUAL

Lies die Gelassenheits-Affirmationen auf Seite 13 laut und mit Überzeugung vor, am besten vor einem Spiegel.

---

2. TAGESAFFIRMATION

ICH NUTZE JEDEN TAG DIE *Kraft* MEINER *Gedanken*.

---

3. MEINE HEUTIGE GELASSENHEIT

Um meine Gelassenheit zu stärken, werde ich mir heute Folgendes gönnen:

. . . .

. . . .

. . . .

---

4. TAGESAUFGABE

Werde dir bewusst, welche wiederkehrenden negativen Gedanken du hast. Schreibe sie jedoch nicht in diesem Buch auf, denn du möchtest solche negativen Gedanken hier nicht verewigen. Sag dir heute jedes Mal laut oder leise STOP, wenn du einen negativen Gedanken hast. Male dir hier eine große Stop-Tafel als Erinnerung auf.

. . . .

. . . .

. . . .

. . . .

. . . .

---

5. ERKENNE DEINEN ERFOLG AN

Nenne mindestens fünf Erfolge, die du heute erlebt hast.

. . . .

. . . .

. . . .

DEINE HEUTIGE GELASSENHEIT:　　　　　　DEIN HEUTIGES ENERGIELEVEL:

①-②-③-④-⑤-⑥-⑦-⑧-⑨-⑩　　　①-②-③-④-⑤-⑥-⑦-⑧-⑨-⑩

Woche 2:

NUTZE DIE *Energie* DEINER *Gedanken*

---

1. TÄGLICHES GELASSENHEITS-AFFIRMATIONSRITUAL

Lies die Gelassenheits-Affirmationen laut und mit Überzeugung vor, am besten vor einem Spiegel.

2. TAGESAFFIRMATION

MEINE GEDANKEN SIND *kraftvoll* UND *positiv.*

3. MEINE HEUTIGE GELASSENHEIT

Um meine Gelassenheit zu stärken, werde ich mir heute Folgendes gönnen:

. . . .

. . . .

. . . .

4. TAGESAUFGABE

Ersetze heute ganz bewusst deine negativen Gedanken. Schreibe dir den positiven, stärkenden Lieblingsgedanken deiner eigenen Wahl hier auf. Ersetze jedes Mal, wenn ein negativer oder schwächender Gedanke auftaucht, diesen durch deinen Lieblingsgedanken.

. . . .

. . . .

. . . .

. . . .

. . . .

5. ERKENNE DEINEN ERFOLG AN

Nenne mindestens fünf Erfolge, die du heute erlebt hast.

. . . .

. . . .

. . . .

DEINE HEUTIGE GELASSENHEIT:

①─②─③─④─⑤─⑥─⑦─⑧─⑨─⑩

DEIN HEUTIGES ENERGIELEVEL:

①─②─③─④─⑤─⑥─⑦─⑧─⑨─⑩

Woche 2:

NUTZE DIE *Energie* DEINER *Gedanken*

---

1. TÄGLICHES GELASSENHEITS-AFFIRMATIONSRITUAL

Lege deine Hände auf dein Herz und lies die Gelassenheits-Affirmationen laut und mit Überzeugung vor, am besten vor einem Spiegel.

2. TAGESAFFIRMATION

MEINE *Gedanken* DIENEN MEINEN HERZENSWÜNSCHEN.

3. MEINE HEUTIGE GELASSENHEIT

Um meine Gelassenheit zu stärken, werde ich mir heute Folgendes gönnen:

....

....

....

4. TAGESAUFGABE

Notiere hier drei bis fünf positive, stärkende Lieblingsgedanken. Spüre hinein: wie fühlst du dich bei deinen Lieblingsgedanken? Welche körperlichen Empfindungen, welche Gefühle tauchen dabei in dir auf? Notiere auch diese hier.

....

....

....

....

....

5. ERKENNE DEINEN ERFOLG AN

Nenne mindestens fünf Erfolge, die du heute erlebt hast.

....

....

....

DEINE HEUTIGE GELASSENHEIT:

① ② ③ ④ ⑤ ⑥ ⑦ ⑧ ⑨ ⑩

DEIN HEUTIGES ENERGIELEVEL:

① ② ③ ④ ⑤ ⑥ ⑦ ⑧ ⑨ ⑩

1. TÄGLICHES GELASSENHEITS-AFFIRMATIONSRITUAL

Lies die Gelassenheits-Affirmationen laut und mit Überzeugung vor, am besten vor einem Spiegel.

2. TAGESAFFIRMATION

ICH WÄHLE MEINE GEDANKEN BEWUSST ZUM HÖCHSTEN *Wohle* ALLER.

3. MEINE HEUTIGE GELASSENHEIT

Um meine Gelassenheit zu stärken, werde ich mir heute Folgendes gönnen:

....

....

....

4. TAGESAUFGABE

Achte heute ganz bewusst darauf, welche Gedanken du aussprichst. Wähle Gedanken, die sowohl dich als auch dein Umfeld erheben.

Notiere dir am Abend deine Erkenntnisse.

....

....

....

....

....

5. ERKENNE DEINEN ERFOLG AN

Nenne mindestens fünf Erfolge, die du heute erlebt hast.

....

....

....

DEINE HEUTIGE GELASSENHEIT:

①—②—③—④—⑤—⑥—⑦—⑧—⑨—⑩

DEIN HEUTIGES ENERGIELEVEL:

①—②—③—④—⑤—⑥—⑦—⑧—⑨—⑩

1. TÄGLICHES GELASSENHEITS-AFFIRMATIONSRITUAL

Lies die Gelassenheits-Affirmationen laut und mit Überzeugung vor, am besten vor einem Spiegel.

2. TAGESAFFIRMATION

MEINE GEDANKEN SIND *kraftvoll* UND *heilend.*

3. MEINE HEUTIGE GELASSENHEIT

Um meine Gelassenheit zu stärken, werde ich mir heute Folgendes gönnen:

. . . .

. . . .

. . . .

4. TAGESAUFGABE

Wähle einen ganz bestimmten Lebensbereich: Partnerschaft, Kinder, Beruf, Gesundheit oder Finanzen etc. Schreibe dir dazu drei bis fünf stärkende Gedanken auf. Wiederhole diese Gedanken heute immer wieder während des Tages.

Notiere dir am Abend die Auswirkungen, die du beobachtet hast.

. . . .

. . . .

. . . .

. . . .

. . . .

5. ERKENNE DEINEN ERFOLG AN

Nenne mindestens fünf Erfolge, die du heute erlebt hast.

. . . .

. . . .

. . . .

DEINE HEUTIGE GELASSENHEIT:

1 2 3 4 5 6 7 8 9 10

DEIN HEUTIGES ENERGIELEVEL:

1 2 3 4 5 6 7 8 9 10

Woche 2:

NUTZE DIE *Energie* DEINER *Gedanken*

---

1. TÄGLICHES GELASSENHEITS-AFFIRMATIONSRITUAL

Lies die Gelassenheits-Affirmationen laut und mit Überzeugung vor, am besten vor einem Spiegel.

2. TAGESAFFIRMATION

MEINE *Gedanken* WERDEN MIT JEDEM TAG *positiver*.

3. MEINE HEUTIGE GELASSENHEIT

Um meine Gelassenheit zu stärken, werde ich mir heute Folgendes gönnen:

....
....
....

4. TAGESAUFGABE

Wähle einen weiteren Lebensbereich und formuliere dir für diesen Lebensbereich die passenden Gedanken. Wiederhole diese Gedanken heute immer wieder während des Tages.

Notiere dir am Abend die Auswirkungen, die du beobachtet hast.

....
....
....
....
....

5. ERKENNE DEINEN ERFOLG AN

Nenne mindestens fünf Erfolge, die du heute erlebt hast.

....
....
....

DEINE HEUTIGE GELASSENHEIT:

①—②—③—④—⑤—⑥—⑦—⑧—⑨—⑩

DEIN HEUTIGES ENERGIELEVEL:

①—②—③—④—⑤—⑥—⑦—⑧—⑨—⑩

Woche 2:

NUTZE DIE *Energie* DEINER *Gedanken*

---

1. TÄGLICHES GELASSENHEITS-AFFIRMATIONSRITUAL

Lies die Gelassenheits-Affirmationen laut und mit Überzeugung vor, am besten vor einem Spiegel.

---

2. TAGESAFFIRMATION

ALLE MEINE POSITIVEN GEDANKEN *manifestieren* SICH JETZT!

---

3. MEINE HEUTIGE GELASSENHEIT

Um meine Gelassenheit zu stärken, werde ich mir heute Folgendes gönnen:

. . . .

. . . .

. . . .

---

4. TAGESAUFGABE

Schaue dich um: Wo in der Außenwelt siehst du bereits, dass deine positiven Gedanken konkrete Auswirkungen haben?

Notiere dir deine Beobachtungen.

. . . .

. . . .

. . . .

. . . .

. . . .

---

5. ERKENNE DEINEN ERFOLG AN

Nenne mindestens fünf Erfolge, die du heute erlebt hast.

. . . .

. . . .

. . . .

DEINE HEUTIGE GELASSENHEIT:

①②③④⑤⑥⑦⑧⑨⑩

DEIN HEUTIGES ENERGIELEVEL:

①②③④⑤⑥⑦⑧⑨⑩

REFLEXIONEN ZUR WOCHE 2

NUTZE DIE *Energie* DEINER *Gedanken*

1. DANKBARKEIT

Menschen, die dankbar sind, haben eine positive Grundeinstellung. Dies wiederum unterstützt eine tiefe Gelassenheit. Dankbarkeit ist nicht angeboren. Dankbarkeit kann erlernt werden. Aus diesem Grund lade ich dich ein, kurz darüber nachzudenken, wofür du in der letzten Woche dankbar sein darfst. Schreibe dazu mindestens fünf Punkte auf.

. . . .

. . . .

. . . .

2. VERÄNDERUNG

Was hat dich in der zweiten Woche persönlich am stärksten berührt? Schließe die Augen und spüre in dich hinein. Was ist es?

Notiere dir diesen Punkt und überlege dir, was du ab sofort im Alltag ändern kannst, damit dieser Punkt fester Bestandteil deines Lebens wird. Schreibe diese Veränderung auf!

. . . .

. . . .

. . . .

3. ENTWICKLUNG

Übertrage die Werte der letzten sieben Tage in die Diagramme.

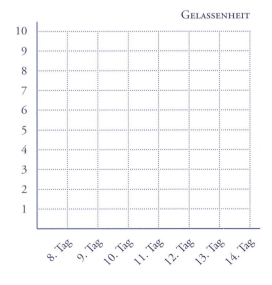

GELASSENHEIT

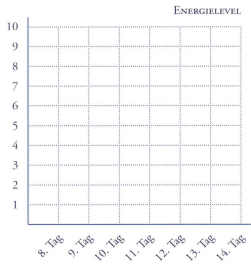

ENERGIELEVEL

Ø GELASSENHEIT:

Ø ENERGIELEVEL:

Berechnung des Durchschnitts:
SUMME / 7

Woche 3:

Lass Altes und Verbrauchtes los

---

1. Tägliches Gelassenheits-Affirmationsritual

Lies die Gelassenheits-Affirmationen laut und mit Überzeugung vor, am besten vor einem Spiegel.

2. Tagesaffirmation

Ich lasse Altes und Verbrauchtes los.

3. Meine heutige Gelassenheit

Um meine Gelassenheit zu stärken, werde ich mir heute Folgendes gönnen:

. . . .

. . . .

. . . .

4. Tagesaufgabe

Liste dir auf einem separaten Blatt Papier auf, was du jetzt alles loslässt: Eigenschaften, alte Geschichten, Gedanken ... Wirf dieses Blatt Papier anschließend in den Müll oder noch wirkungsvoller: Verbrenne es!

. . . .

. . . .

. . . .

. . . .

. . . .

5. Erkenne deinen Erfolg an

Nenne mindestens fünf Erfolge, die du heute erlebt hast.

. . . .

. . . .

. . . .

DEINE HEUTIGE GELASSENHEIT:

① ② ③ ④ ⑤ ⑥ ⑦ ⑧ ⑨ ⑩

DEIN HEUTIGES ENERGIELEVEL:

① ② ③ ④ ⑤ ⑥ ⑦ ⑧ ⑨ ⑩

31

Lass ALTES UND VERBRAUCHTES *los*

---

1. TÄGLICHES GELASSENHEITS-AFFIRMATIONSRITUAL

Lies die Gelassenheits-Affirmationen laut und mit Überzeugung vor, am besten vor einem Spiegel.

2. TAGESAFFIRMATION

JE MEHR ICH LOSLASSE, DESTO MEHR *Neues* ENTSTEHT.

3. MEINE HEUTIGE GELASSENHEIT

Um meine Gelassenheit zu stärken, werde ich mir heute Folgendes gönnen:

. . . .

. . . .

. . . .

4. TAGESAUFGABE

Atme heute immer wieder mal wiederholt ganz lange aus. Jedes Ausatmen erleichtert dir das Loslassen. Werde dir bewusst, wie du dich mit Unterstützung des Atems von allen Dingen befreien kannst, die du nicht mehr brauchst.

Notiere dir am Abend deine Erkenntnisse.

. . . .

. . . .

. . . .

. . . .

. . . .

5. ERKENNE DEINEN ERFOLG AN

Nenne mindestens fünf Erfolge, die du heute erlebt hast.

. . . .

. . . .

. . . .

DEINE HEUTIGE GELASSENHEIT:

①②③④⑤⑥⑦⑧⑨⑩

DEIN HEUTIGES ENERGIELEVEL:

①②③④⑤⑥⑦⑧⑨⑩

---

1. Tägliches Gelassenheits-Affirmationsritual

Lies die Gelassenheits-Affirmationen laut und mit Überzeugung vor, am besten vor einem Spiegel.

2. Tagesaffirmation

Loslassen fällt mir _leicht._

3. Meine heutige Gelassenheit

Um meine Gelassenheit zu stärken, werde ich mir heute Folgendes gönnen:

. . . .

. . . .

. . . .

4. Tagesaufgabe

Wie fühlst du dich, wenn du all die Dinge losgelassen hast, die du nicht mehr brauchst? Spüre in deinen Körper hinein: Wie fühlt er sich an, wenn du Altes und Verbrauchtes loslässt? Notiere dir diese Empfindungen.

. . . .

. . . .

. . . .

. . . .

. . . .

5. Erkenne deinen Erfolg an

Nenne mindestens fünf Erfolge, die du heute erlebt hast.

. . . .

. . . .

. . . .

Deine heutige Gelassenheit:

①–②–③–④–⑤–⑥–⑦–⑧–⑨–⑩

Dein heutiges Energielevel:

①–②–③–④–⑤–⑥–⑦–⑧–⑨–⑩

 *Woche 3:*

Lass ALTES UND VERBRAUCHTES *los*

18. Tag

DATUM:

---

1. TÄGLICHES GELASSENHEITS-AFFIRMATIONSRITUAL

Lies die Gelassenheits-Affirmationen laut und mit Überzeugung vor, am besten vor einem Spiegel.

2. TAGESAFFIRMATION

ICH LASSE LOS, UM *Wunder* IN MEIN LEBEN ZU ZIEHEN.

3. MEINE HEUTIGE GELASSENHEIT

Um meine Gelassenheit zu stärken, werde ich mir heute Folgendes gönnen:

. . . .

. . . .

. . . .

4. TAGESAUFGABE

Schließe deine Augen und visualisiere – das heißt, sieh vor deinem inneren Auge – , was alles entstehen kann, wenn du die Dinge loslässt, die du nicht mehr brauchst. Wie fühlst du dich? Wie sieht es um dich herum aus? Wie riecht es? Was hörst du? Was kannst du anfassen?

Notiere dir diese Eindrücke.

. . . .

. . . .

. . . .

. . . .

. . . .

5. ERKENNE DEINEN ERFOLG AN

Nenne mindestens fünf Erfolge, die du heute erlebt hast.

. . . .

. . . .

. . . .

DEINE HEUTIGE GELASSENHEIT:

①②③④⑤⑥⑦⑧⑨⑩

DEIN HEUTIGES ENERGIELEVEL:

①②③④⑤⑥⑦⑧⑨⑩

Woche 3:

Lass ALTES UND VERBRAUCHTES *los*

---

1. TÄGLICHES GELASSENHEITS-AFFIRMATIONSRITUAL

Lies die Gelassenheits-Affirmationen laut und mit Überzeugung vor, am besten vor einem Spiegel.

2. TAGESAFFIRMATION

ICH BIN *offen* FÜR WUNDER.

3. MEINE HEUTIGE GELASSENHEIT

Um meine Gelassenheit zu stärken, werde ich mir heute Folgendes gönnen:

. . . .

. . . .

. . . .

4. TAGESAUFGABE

Übe dich heute im fortdauernden Loslassen. Lass Gedanken, Gefühle, Dinge, die du nicht mehr brauchst, sofort los, wenn sie auftauchen. Stell dir vor, du gehst mit einer Schneefräse durch deinen Alltag: Alles, was stört, wird unmittelbar weggeschleudert. Notiere dir deine Beobachtungen.

. . . .

. . . .

. . . .

. . . .

. . . .

5. ERKENNE DEINEN ERFOLG AN

Nenne mindestens fünf Erfolge, die du heute erlebt hast.

. . . .

. . . .

. . . .

DEINE HEUTIGE GELASSENHEIT:

①─②─③─④─⑤─⑥─⑦─⑧─⑨─⑩

DEIN HEUTIGES ENERGIELEVEL:

①─②─③─④─⑤─⑥─⑦─⑧─⑨─⑩

1. T*ägliches* G*elassenheits-*A*ffirmationsritual*

Lies die Gelassenheits-Affirmationen laut und mit Überzeugung vor, am besten vor einem Spiegel.

2. T*agesaffirmation*

Wunderbare D*inge treten täglich in mein* L*eben.*

3. M*eine heutige* G*elassenheit*

Um meine Gelassenheit zu stärken werde ich mir heute folgendes gönnen:

. . . .

. . . .

. . . .

4. T*agesaufgabe*

Wo siehst du bereits konkrete Auswirkungen vom Loslassen? Notiere dir deine Beobachtungen.

. . . .

. . . .

. . . .

. . . .

. . . .

5. E*rkenne deinen* E*rfolg an*

Nenne mindestens fünf Erfolge, die du heute erlebt hast.

. . . .

. . . .

. . . .

D*eine heutige* G*elassenheit:*

①②③④⑤⑥⑦⑧⑨⑩

D*ein heutiges* E*nergielevel:*

①②③④⑤⑥⑦⑧⑨⑩

Woche 3:

Lass Altes und Verbrauchtes *los*

---

1. Tägliches Gelassenheits-Affirmationsritual

Lies die Gelassenheits-Affirmationen laut und mit Überzeugung vor, am besten vor einem Spiegel.

---

2. Tagesaffirmation

Ich erfülle mir meine Wünsche durch *Loslassen.*

---

3. Meine heutige Gelassenheit

Um meine Gelassenheit zu stärken, werde ich mir heute Folgendes gönnen:

. . . .

. . . .

. . . .

---

4. Tagesaufgabe

Lass ganz konkret etwas los, indem du eine Handlung ausführst: entweder eine E-Mail schreibst oder ein Gespräch führst, etwas entsorgst oder Ähnliches. Schreibe auf, wie es dir danach geht.

. . . .

. . . .

. . . .

. . . .

. . . .

---

5. Erkenne deinen Erfolg an

Nenne mindestens fünf Erfolge, die du heute erlebt hast.

. . . .

. . . .

. . . .

Deine heutige Gelassenheit:

① ② ③ ④ ⑤ ⑥ ⑦ ⑧ ⑨ ⑩

Dein heutiges Energielevel:

① ② ③ ④ ⑤ ⑥ ⑦ ⑧ ⑨ ⑩

REFLEXIONEN ZUR WOCHE 3

Lass ALTES UND VERBRAUCHTES *los*

---

1. DANKBARKEIT

Menschen, die dankbar sind, haben eine positive Grundeinstellung. Dies wiederum unterstützt eine tiefe Gelassenheit. Dankbarkeit ist nicht angeboren. Dankbarkeit kann erlernt werden. Aus diesem Grund lade ich dich ein, kurz darüber nachzudenken, wofür du in der letzten Woche dankbar sein darfst. Schreibe dazu mindestens fünf Punkte auf.

. . . .

. . . .

. . . .

---

2. VERÄNDERUNG

Was hat dich in der dritten Woche persönlich am stärksten berührt? Schließe die Augen und spüre in dich hinein. Was ist es?

Notiere dir diesen Punkt und überlege dir, was du ab sofort im Alltag ändern kannst, damit dieser Punkt fester Bestandteil deines Lebens wird. Schreibe diese Veränderung auf!

. . . .

. . . .

. . . .

---

3. ENTWICKLUNG

Übertrage die Werte der letzten sieben Tage in die Diagramme.

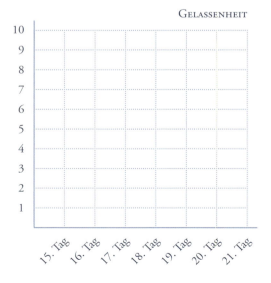

GELASSENHEIT

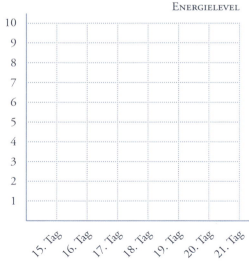

ENERGIELEVEL

Ø GELASSENHEIT:

Ø ENERGIELEVEL:

Berechnung des Durchschnitts:
SUMME / 7

TRIFF *Entscheidungen* MITHILFE DEINER *Intuition*

---

1. TÄGLICHES GELASSENHEITS-AFFIRMATIONSRITUAL

Lies die Gelassenheits-Affirmationen laut und mit Überzeugung vor, am besten vor einem Spiegel.

2. TAGESAFFIRMATION

MEINE INTUITION IST MIR IMMER *zugänglich*.

3. MEINE HEUTIGE GELASSENHEIT

Um meine Gelassenheit zu stärken, werde ich mir heute Folgendes gönnen:

. . . .

. . . .

. . . .

4. TAGESAUFGABE

Schreibe dir auf, in welchen Situationen du in der Vergangenheit etwas wusstest, was du eigentlich gar nicht hättest wissen können. Wo hat dir deine Intuition schon Informationen gebracht?

. . . .

. . . .

. . . .

. . . .

. . . .

5. ERKENNE DEINEN ERFOLG AN

Nenne mindestens fünf Erfolge, die du heute erlebt hast.

. . . .

. . . .

. . . .

DEINE HEUTIGE GELASSENHEIT:

① ② ③ ④ ⑤ ⑥ ⑦ ⑧ ⑨ ⑩

DEIN HEUTIGES ENERGIELEVEL:

① ② ③ ④ ⑤ ⑥ ⑦ ⑧ ⑨ ⑩

39

TRIFF *Entscheidungen* MITHILFE DEINER *Intuition*

1. TÄGLICHES GELASSENHEITS-AFFIRMATIONSRITUAL

Lies die Gelassenheits-Affirmationen laut und mit Überzeugung vor, am besten vor einem Spiegel.

2. TAGESAFFIRMATION

MEINE INTUITION ZEIGT MIR IMMER DEN *leichtesten* WEG.

3. MEINE HEUTIGE GELASSENHEIT

Um meine Gelassenheit zu stärken, werde ich mir heute Folgendes gönnen:

....

....

....

4. TAGESAUFGABE

Wie fühlt es sich in deinem Körper an, wenn du mit deiner Intuition arbeitest? Welche körperlichen Empfindungen hast du, wenn du etwas weißt, ohne dass du darüber nachdenkst? Notiere diese Empfindungen.

....

....

....

....

....

5. ERKENNE DEINEN ERFOLG AN

Nenne mindestens fünf Erfolge, die du heute erlebt hast.

....

....

....

DEINE HEUTIGE GELASSENHEIT:

① ② ③ ④ ⑤ ⑥ ⑦ ⑧ ⑨ ⑩

DEIN HEUTIGES ENERGIELEVEL:

① ② ③ ④ ⑤ ⑥ ⑦ ⑧ ⑨ ⑩

TRIFF *Entscheidungen* MITHILFE DEINER *Intuition*

---

1. TÄGLICHES GELASSENHEITS-AFFIRMATIONSRITUAL

Lies die Gelassenheits-Affirmationen laut und mit Überzeugung vor, am besten vor einem Spiegel.

2. TAGESAFFIRMATION

ICH TREFFE ENTSCHEIDUNGEN MIT *Leichtigkeit.*

3. MEINE HEUTIGE GELASSENHEIT

Um meine Gelassenheit zu stärken, werde ich mir heute Folgendes gönnen:

. . . .

. . . .

. . . .

4. TAGESAUFGABE

Was bedeutet es für dich, intuitiv zu sein? Was in deinem Leben möchtest du mehr tun, damit du spürst, dass du mit deiner Intuition wirklich verbunden bist? Notiere dir diese konkreten Maßnahmen.

. . . .

. . . .

. . . .

. . . .

. . . .

5. ERKENNE DEINEN ERFOLG AN

Nenne mindestens fünf Erfolge, die du heute erlebt hast.

. . . .

. . . .

. . . .

DEINE HEUTIGE GELASSENHEIT:

①②③④⑤⑥⑦⑧⑨⑩

DEIN HEUTIGES ENERGIELEVEL:

①②③④⑤⑥⑦⑧⑨⑩

41

TRIFF *Entscheidungen* MITHILFE DEINER *Intuition*

1. TÄGLICHES GELASSENHEITS-AFFIRMATIONSRITUAL

Lies die Gelassenheits-Affirmationen laut und mit Überzeugung vor, am besten vor einem Spiegel.

2. TAGESAFFIRMATION

MEIN LEBEN IST *leicht.*

3. MEINE HEUTIGE GELASSENHEIT

Um meine Gelassenheit zu stärken, werde ich mir heute Folgendes gönnen:

. . . .

. . . .

. . . .

4. TAGESAUFGABE

In welchen Lebensbereichen gehst du ab heute intuitiver vor?
Notiere dir diese.

. . . .

. . . .

. . . .

. . . .

. . . .

5. ERKENNE DEINEN ERFOLG AN

Nenne mindestens fünf Erfolge, die du heute erlebt hast.

. . . .

. . . .

. . . .

DEINE HEUTIGE GELASSENHEIT: DEIN HEUTIGES ENERGIELEVEL:

①-②-③-④-⑤-⑥-⑦-⑧-⑨-⑩   ①-②-③-④-⑤-⑥-⑦-⑧-⑨-⑩

TRIFF *Entscheidungen* MITHILFE DEINER *Intuition*

---

1. TÄGLICHES GELASSENHEITS-AFFIRMATIONSRITUAL

Lies die Gelassenheits-Affirmationen laut und mit Überzeugung vor, am besten vor einem Spiegel.

2. TAGESAFFIRMATION

ICH BIN EIN *intuitiver* MENSCH.

3. MEINE HEUTIGE GELASSENHEIT

Um meine Gelassenheit zu stärken, werde ich mir heute Folgendes gönnen:

. . . .

. . . .

. . . .

4. TAGESAUFGABE

Visualisiere dich, wenn du ganz nach deiner Intuition handelst.

Notiere, wie sich das anfühlt.

. . . .

. . . .

. . . .

. . . .

. . . .

5. ERKENNE DEINEN ERFOLG AN

Nenne mindestens fünf Erfolge, die du heute erlebt hast.

. . . .

. . . .

. . . .

DEINE HEUTIGE GELASSENHEIT:

①–②–③–④–⑤–⑥–⑦–⑧–⑨–⑩

DEIN HEUTIGES ENERGIELEVEL:

①–②–③–④–⑤–⑥–⑦–⑧–⑨–⑩

TRIFF *Entscheidungen* MITHILFE DEINER *Intuition*

---

1. TÄGLICHES GELASSENHEITS-AFFIRMATIONSRITUAL

Lies die Gelassenheits-Affirmationen laut und mit Überzeugung vor, am besten vor einem Spiegel.

2. TAGESAFFIRMATION

ICH BIN MEINER INTUITION *dankbar* FÜR ALL DIE INFORMATIONEN, DIE SIE MIR LIEFERT.

3. MEINE HEUTIGE GELASSENHEIT

Um meine Gelassenheit zu stärken, werde ich mir heute Folgendes gönnen:

. . . .

. . . .

. . . .

4. TAGESAUFGABE

Atme zur Vorbereitung einige Male tief ein und aus. Stell dir eine konkrete Frage zu einem Lebensbereich. Welche intuitiven Informationen tauchen in deinem Inneren auf? Schreibe dir diese auf.

. . . .

. . . .

. . . .

. . . .

. . . .

5. ERKENNE DEINEN ERFOLG AN

Nenne mindestens fünf Erfolge, die du heute erlebt hast.

. . . .

. . . .

. . . .

DEINE HEUTIGE GELASSENHEIT: DEIN HEUTIGES ENERGIELEVEL:

①②③④⑤⑥⑦⑧⑨⑩   ①②③④⑤⑥⑦⑧⑨⑩

TRIFF *Entscheidungen* MITHILFE DEINER *Intuition*

1. TÄGLICHES GELASSENHEITS-AFFIRMATIONSRITUAL

Lies die Gelassenheits-Affirmationen laut und mit Überzeugung vor, am besten vor einem Spiegel.

2. TAGESAFFIRMATION

ICH BIN *klar*.

3. MEINE HEUTIGE GELASSENHEIT

Um meine Gelassenheit zu stärken, werde ich mir heute Folgendes gönnen:

. . . .

. . . .

. . . .

4. TAGESAUFGABE

Nimm erneut die Frage vom Vortag und spüre nochmals intuitiv hinein. Welche zusätzlichen Informationen tauchen heute zu deiner Frage auf? Notiere dir diese.

. . . .

. . . .

. . . .

. . . .

. . . .

5. ERKENNE DEINEN ERFOLG AN

Nenne mindestens fünf Erfolge, die du heute erlebt hast.

. . . .

. . . .

. . . .

DEINE HEUTIGE GELASSENHEIT:

①—②—③—④—⑤—⑥—⑦—⑧—⑨—⑩

DEIN HEUTIGES ENERGIELEVEL:

①—②—③—④—⑤—⑥—⑦—⑧—⑨—⑩

REFLEXIONEN ZUR WOCHE 4

TRIFF *Entscheidungen* MITHILFE DEINER *Intuition*

1. DANKBARKEIT

Menschen, die dankbar sind, haben eine positive Grundeinstellung. Dies wiederum unterstützt eine tiefe Gelassenheit. Dankbarkeit ist nicht angeboren. Dankbarkeit kann erlernt werden. Aus diesem Grund lade ich dich ein, kurz darüber nachzudenken, wofür du in der letzten Woche dankbar sein darfst. Schreibe dazu mindestens fünf Punkte auf.

. . . .

. . . .

. . . .

2. VERÄNDERUNG

Was hat dich in der vierten Woche persönlich am stärksten berührt? Schließe die Augen und spüre ich dich hinein. Was ist es?

Notiere dir diesen Punkt und überlege dir, was du ab sofort im Alltag ändern kannst, damit dieser Punkt fester Bestandteil deines Lebens wird. Schreibe diese Veränderung auf!

. . . .

. . . .

. . . .

3. ENTWICKLUNG

Übertrage die Werte der letzten sieben Tage in die Diagramme.

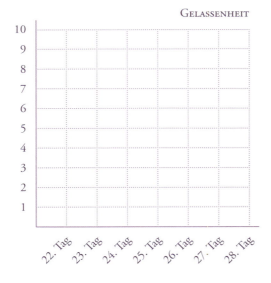
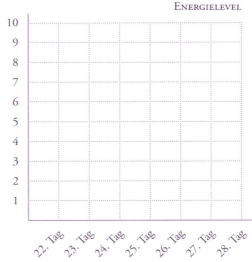

Ø GELASSENHEIT:

Ø ENERGIELEVEL:

Berechnung des Durchschnitts:
SUMME / 7

1. TÄGLICHES GELASSENHEITS-AFFIRMATIONSRITUAL

Lies die Gelassenheits-Affirmationen laut und mit Überzeugung vor, am besten vor einem Spiegel.

2. TAGESAFFIRMATION

MEINE TIEFSTEN ÜBERZEUGUNGEN UNTERSTÜTZEN DIE ERFÜLLUNG MEINER *Wünsche*.

3. MEINE HEUTIGE GELASSENHEIT

Um meine Gelassenheit zu stärken, werde ich mir heute Folgendes gönnen:

. . . .

. . . .

. . . .

4. TAGESAUFGABE

Schreibe dir fünf bestehende Überzeugungen auf, die dich in deinem Alltag positiv unterstützen.

. . . .

. . . .

. . . .

. . . .

. . . .

5. ERKENNE DEINEN ERFOLG AN

Nenne mindestens fünf Erfolge, die du heute erlebt hast.

. . . .

. . . .

. . . .

DEINE HEUTIGE GELASSENHEIT:

① ② ③ ④ ⑤ ⑥ ⑦ ⑧ ⑨ ⑩

DEIN HEUTIGES ENERGIELEVEL:

① ② ③ ④ ⑤ ⑥ ⑦ ⑧ ⑨ ⑩

WERDE *Herrin* ÜBER DEINE *Glaubenssätze*

---

1. TÄGLICHES GELASSENHEITS-AFFIRMATIONSRITUAL

Lies die Gelassenheits-Affirmationen laut und mit Überzeugung vor, am besten vor einem Spiegel.

---

2. TAGESAFFIRMATION

ICH BIN *frei.*

---

3. MEINE HEUTIGE GELASSENHEIT

Um meine Gelassenheit zu stärken, werde ich mir heute Folgendes gönnen:

....

....

....

---

4. TAGESAUFGABE

Schreibe dir mindestens fünf neue positive Glaubenssätze auf, von denen du spürst, dass sie dich für deinen Alltag stärken.

....

....

....

....

....

---

5. ERKENNE DEINEN ERFOLG AN

Nenne mindestens fünf Erfolge, die du heute erlebt hast.

....

....

....

DEINE HEUTIGE GELASSENHEIT:
①②③④⑤⑥⑦⑧⑨⑩

DEIN HEUTIGES ENERGIELEVEL:
①②③④⑤⑥⑦⑧⑨⑩

1. TÄGLICHES GELASSENHEITS-AFFIRMATIONSRITUAL

Lies die Gelassenheits-Affirmationen laut und mit Überzeugung vor, am besten vor einem Spiegel.

2. TAGESAFFIRMATION

MEINE GLAUBENSSÄTZE *unterstützen* MEINE HERZENSWÜNSCHE.

3. MEINE HEUTIGE GELASSENHEIT

Um meine Gelassenheit zu stärken, werde ich mir heute Folgendes gönnen:

. . . .

. . . .

. . . .

4. TAGESAUFGABE

Wähle einen Herzenswunsch und schreibe diejenigen Glaubenssätze auf, die genau diesen Herzens-wunsch unterstützen.

. . . .

. . . .

. . . .

. . . .

. . . .

5. ERKENNE DEINEN ERFOLG AN

Nenne mindestens fünf Erfolge, die du heute erlebt hast.

. . . .

. . . .

. . . .

DEINE HEUTIGE GELASSENHEIT:

① ② ③ ④ ⑤ ⑥ ⑦ ⑧ ⑨ ⑩

DEIN HEUTIGES ENERGIELEVEL:

① ② ③ ④ ⑤ ⑥ ⑦ ⑧ ⑨ ⑩

Woche 5:
WERDE *Herrin* ÜBER DEINE *Glaubenssätze*

1. TÄGLICHES GELASSENHEITS-AFFIRMATIONSRITUAL

Lies die Gelassenheits-Affirmationen laut und mit Überzeugung vor, am besten vor einem Spiegel.

2. TAGESAFFIRMATION

ICH BIN *stark*.

3. MEINE HEUTIGE GELASSENHEIT

Um meine Gelassenheit zu stärken, werde ich mir heute Folgendes gönnen:

....

....

....

4. TAGESAUFGABE

Visualisiere dich mit starken, positiven Glaubenssätzen. Wie sieht dein Alltag dann aus? Wie fühlst du dich? Was erlebst du? Schreibe dir deine Eindrücke auf.

....

....

....

....

....

5. ERKENNE DEINEN ERFOLG AN

Nenne mindestens fünf Erfolge, die du heute erlebt hast.

....

....

....

DEINE HEUTIGE GELASSENHEIT:

①—②—③—④—⑤—⑥—⑦—⑧—⑨—⑩

DEIN HEUTIGES ENERGIELEVEL:

①—②—③—④—⑤—⑥—⑦—⑧—⑨—⑩

---

1. TÄGLICHES GELASSENHEITS-AFFIRMATIONSRITUAL

Lies die Gelassenheits-Affirmationen laut und mit Überzeugung vor, am besten vor einem Spiegel.

2. TAGESAFFIRMATION

MEINE GLAUBENSSÄTZE MACHEN MICH *erfolgreich.*

3. MEINE HEUTIGE GELASSENHEIT

Um meine Gelassenheit zu stärken, werde ich mir heute Folgendes gönnen:

. . . .

. . . .

. . . .

4. TAGESAUFGABE

Visualisiere dich in deiner beruflichen Erfüllung. Wie sieht dein beruflicher Alltag aus, wenn deine Glaubenssätze deinen beruflichen Erfolg unterstützen?

Notiere dir deine Eindrücke.

. . . .

. . . .

. . . .

. . . .

. . . .

5. ERKENNE DEINEN ERFOLG AN

Nenne mindestens fünf Erfolge, die du heute erlebt hast.

. . . .

. . . .

. . . .

DEINE HEUTIGE GELASSENHEIT:

①②③④⑤⑥⑦⑧⑨⑩

DEIN HEUTIGES ENERGIELEVEL:

①②③④⑤⑥⑦⑧⑨⑩

1. TÄGLICHES GELASSENHEITS-AFFIRMATIONSRITUAL

Lies die Gelassenheits-Affirmationen laut und mit Überzeugung vor, am besten vor einem Spiegel.

2. TAGESAFFIRMATION

ICH BIN *gesund* UND *vital.*

3. MEINE HEUTIGE GELASSENHEIT

Um meine Gelassenheit zu stärken, werde ich mir heute Folgendes gönnen:

....

....

....

4. TAGESAUFGABE

Visualisiere dich in guter Gesundheit. Wie fühlt sich dein Körper an und wie fühlt sich dein Geist an? Schreibe dir deine Eindrücke auf.

....

....

....

....

....

5. ERKENNE DEINEN ERFOLG AN

Nenne mindestens fünf Erfolge, die du heute erlebt hast.

....

....

....

DEINE HEUTIGE GELASSENHEIT:

①─②─③─④─⑤─⑥─⑦─⑧─⑨─⑩

DEIN HEUTIGES ENERGIELEVEL:

①─②─③─④─⑤─⑥─⑦─⑧─⑨─⑩

---

1. TÄGLICHES GELASSENHEITS-AFFIRMATIONSRITUAL

Lies die Gelassenheits-Affirmationen laut und mit Überzeugung vor, am besten vor einem Spiegel.

2. TAGESAFFIRMATION

ICH WÄHLE MEINE *eigenen* GLAUBENSSÄTZE.

3. MEINE HEUTIGE GELASSENHEIT

Um meine Gelassenheit zu stärken, werde ich mir heute Folgendes gönnen:

. . . .

. . . .

. . . .

4. TAGESAUFGABE

Welche konkreten Auswirkungen spürst du schon jetzt aus deinen neuen positiven Glaubenssätzen? Halte diese hier fest.

. . . .

. . . .

. . . .

. . . .

. . . .

5. ERKENNE DEINEN ERFOLG AN

Nenne mindestens fünf Erfolge, die du heute erlebt hast.

. . . .

. . . .

. . . .

DEINE HEUTIGE GELASSENHEIT:

① ② ③ ④ ⑤ ⑥ ⑦ ⑧ ⑨ ⑩

DEIN HEUTIGES ENERGIELEVEL:

① ② ③ ④ ⑤ ⑥ ⑦ ⑧ ⑨ ⑩

REFLEXIONEN ZUR WOCHE 5

WERDE *Herrin* ÜBER DEINE *Glaubenssätze*

1. DANKBARKEIT

Menschen, die dankbar sind, haben eine positive Grundeinstellung. Dies wiederum unterstützt eine tiefe Gelassenheit. Dankbarkeit ist nicht angeboren. Dankbarkeit kann erlernt werden. Aus diesem Grund lade ich dich ein, kurz darüber nachzudenken, wofür du in der letzten Woche dankbar sein darfst. Schreibe dazu mindestens fünf Punkte auf.

. . . .

. . . .

. . . .

2. VERÄNDERUNG

Was hat dich in der fünften Woche persönlich am stärksten berührt? Schließe die Augen und spüre in dich hinein. Was ist es?

Notiere dir diesen Punkt und überlege dir, was du ab sofort im Alltag ändern kannst, damit dieser Punkt fester Bestandteil deines Lebens wird. Schreibe diese Veränderung auf.

. . . .

. . . .

. . . .

3. ENTWICKLUNG

Übertrage die Werte der letzten sieben Tage in die Diagramme.

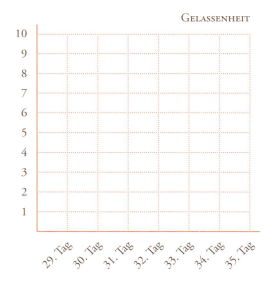

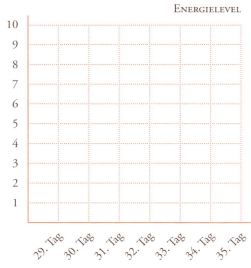

Ø GELASSENHEIT:

Ø ENERGIELEVEL:

Berechnung des Durchschnitts:
SUMME / 7

1. TÄGLICHES GELASSENHEITS-AFFIRMATIONSRITUAL

Lies die Gelassenheits-Affirmationen laut und mit Überzeugung vor, am besten vor einem Spiegel.

2. TAGESAFFIRMATION

Akzeptanz BEGLEITET MICH TÄGLICH.

3. MEINE HEUTIGE GELASSENHEIT

Um meine Gelassenheit zu stärken, werde ich mir heute Folgendes gönnen:

. . . .

. . . .

. . . .

4. TAGESAUFGABE

Schreibe dir mindestens fünf Dinge auf, die du magst, und fünf Dinge, die du nicht magst. Werde dir bewusst, wie du in deinem Alltag oft zwischen „ich mag" und „ich mag nicht" hin- und hergerissen wirst.

. . . .

. . . .

. . . .

. . . .

. . . .

5. ERKENNE DEINEN ERFOLG AN

Nenne mindestens fünf Erfolge, die du heute erlebt hast.

. . . .

. . . .

. . . .

DEINE HEUTIGE GELASSENHEIT:

①—②—③—④—⑤—⑥—⑦—⑧—⑨—⑩

DEIN HEUTIGES ENERGIELEVEL:

①—②—③—④—⑤—⑥—⑦—⑧—⑨—⑩

1. TÄGLICHES GELASSENHEITS-AFFIRMATIONSRITUAL

Lies die Gelassenheits-Affirmationen laut und mit Überzeugung vor, am besten vor einem Spiegel.

2. TAGESAFFIRMATION

ES IST, WIE ES *ist*.

3. MEINE HEUTIGE GELASSENHEIT

Um meine Gelassenheit zu stärken, werde ich mir heute Folgendes gönnen:

....

....

....

4. TAGESAUFGABE

Sag dir immer wieder im Laufe des Tages, wenn dir etwas auffällt: „Es ist, wie es ist." Spüre dabei das Freisein von Bewertungen. Wie fühlt sich das an? Notiere am Abend deine Erkenntnisse.

....

....

....

....

....

5. ERKENNE DEINEN ERFOLG AN

Nenne mindestens fünf Erfolge, die du heute erlebt hast.

....

....

....

DEINE HEUTIGE GELASSENHEIT:　　　　　　DEIN HEUTIGES ENERGIELEVEL:

①－②－③－④－⑤－⑥－⑦－⑧－⑨－⑩　　①－②－③－④－⑤－⑥－⑦－⑧－⑨－⑩

Woche 6:

GENIESSE DAS *Freisein* VON BEWERTUNGEN

---

1. TÄGLICHES GELASSENHEITS-AFFIRMATIONSRITUAL

Lies die Gelassenheits-Affirmationen laut und mit Überzeugung vor, am besten vor einem Spiegel.

2. TAGESAFFIRMATION

ICH BIN *frei* VON BEWERTUNGEN.

3. MEINE HEUTIGE GELASSENHEIT

Um meine Gelassenheit zu stärken, werde ich mir heute Folgendes gönnen:

. . . .

. . . .

. . . .

4. TAGESAUFGABE

Schreibe dir die konkreten Lebensbereiche auf, in denen du das Freisein von Bewertungen von nun an mehr lebst.

. . . .

. . . .

. . . .

. . . .

. . . .

5. ERKENNE DEINEN ERFOLG AN

Nenne mindestens fünf Erfolge, die du heute erlebt hast.

. . . .

. . . .

. . . .

DEINE HEUTIGE GELASSENHEIT:

①—②—③—④—⑤—⑥—⑦—⑧—⑨—⑩

DEIN HEUTIGES ENERGIELEVEL:

①—②—③—④—⑤—⑥—⑦—⑧—⑨—⑩

GENIESSE DAS *Freisein* VON BEWERTUNGEN

1. TÄGLICHES GELASSENHEITS-AFFIRMATIONSRITUAL

Lies die Gelassenheits-Affirmationen laut und mit Überzeugung vor, am besten vor einem Spiegel.

2. TAGESAFFIRMATION

Gelassenheit UND *Gleichmut* BESTIMMEN MEIN LEBEN.

3. MEINE HEUTIGE GELASSENHEIT

Um meine Gelassenheit zu stärken, werde ich mir heute Folgendes gönnen:

....

....

....

4. TAGESAUFGABE

Visualisiere dich in deinem Alltag, wenn du frei von Bewertungen bist. Wie fühlt es sich an, wie handelst du, was tust du? Notiere dir deine Eindrücke.

....

....

....

....

....

5. ERKENNE DEINEN ERFOLG AN

Nenne mindestens fünf Erfolge, die du heute erlebt hast.

....

....

....

DEINE HEUTIGE GELASSENHEIT:

1 - 2 - 3 - 4 - 5 - 6 - 7 - 8 - 9 - 10

DEIN HEUTIGES ENERGIELEVEL:

1 - 2 - 3 - 4 - 5 - 6 - 7 - 8 - 9 - 10

Woche 6:

GENIESSE DAS *Freisein* VON BEWERTUNGEN

40. Tag
DATUM:

---

1. TÄGLICHES GELASSENHEITS-AFFIRMATIONSRITUAL

Lies die Gelassenheits-Affirmationen laut und mit Überzeugung vor, am besten vor einem Spiegel.

---

2. TAGESAFFIRMATION

ICH LASSE VERSCHIEDENE *Sichtweisen* GELTEN.

---

3. MEINE HEUTIGE GELASSENHEIT

Um meine Gelassenheit zu stärken, werde ich mir heute Folgendes gönnen:

. . . .

. . . .

. . . .

---

4. TAGESAUFGABE

Sprich heute ohne Bewertungen. Achte ganz besonders darauf, wie du auch im sprachlichen Ausdruck frei von Bewertungen sein kannst. Notiere dir abends deine Erkenntnisse.

. . . .

. . . .

. . . .

. . . .

. . . .

---

5. ERKENNE DEINEN ERFOLG AN

Nenne mindestens fünf Erfolge, die du heute erlebt hast.

. . . .

. . . .

. . . .

DEINE HEUTIGE GELASSENHEIT:

①–②–③–④–⑤–⑥–⑦–⑧–⑨–⑩

DEIN HEUTIGES ENERGIELEVEL:

①–②–③–④–⑤–⑥–⑦–⑧–⑨–⑩

GENIESSE DAS *Freisein* VON BEWERTUNGEN

1. TÄGLICHES GELASSENHEITS-AFFIRMATIONSRITUAL

Lies die Gelassenheits-Affirmationen laut und mit Überzeugung vor, am besten vor einem Spiegel.

2. TAGESAFFIRMATION

ICH LEBE VOLLKOMMEN *entspannt.*

3. MEINE HEUTIGE GELASSENHEIT

Um meine Gelassenheit zu stärken, werde ich mir heute Folgendes gönnen:

....

....

....

4. TAGESAUFGABE

Spüre in dich hinein. Wie fühlt sich dein Körper an, wenn du frei von Bewertungen bist?
Schreibe dir dies auf.

....

....

....

....

....

5. ERKENNE DEINEN ERFOLG AN

Nenne mindestens fünf Erfolge, die du heute erlebt hast.

....

....

....

DEINE HEUTIGE GELASSENHEIT:

① ② ③ ④ ⑤ ⑥ ⑦ ⑧ ⑨ ⑩

DEIN HEUTIGES ENERGIELEVEL:

① ② ③ ④ ⑤ ⑥ ⑦ ⑧ ⑨ ⑩

1. TÄGLICHES GELASSENHEITS-AFFIRMATIONSRITUAL

Lies die Gelassenheits-Affirmationen laut und mit Überzeugung vor, am besten vor einem Spiegel.

2. TAGESAFFIRMATION

ICH KREIERE MEINE *Realität*.

3. MEINE HEUTIGE GELASSENHEIT

Um meine Gelassenheit zu stärken, werde ich mir heute Folgendes gönnen:

. . . .

. . . .

. . . .

4. TAGESAUFGABE

Welche konkreten Auswirkungen beobachtest du, wenn du frei von Bewertungen bist? Schreibe diese auf.

. . . .

. . . .

. . . .

. . . .

. . . .

5. ERKENNE DEINEN ERFOLG AN

Nenne mindestens fünf Erfolge, die du heute erlebt hast.

. . . .

. . . .

. . . .

DEINE HEUTIGE GELASSENHEIT:

① ② ③ ④ ⑤ ⑥ ⑦ ⑧ ⑨ ⑩

DEIN HEUTIGES ENERGIELEVEL:

① ② ③ ④ ⑤ ⑥ ⑦ ⑧ ⑨ ⑩

REFLEXIONEN ZUR WOCHE 6

GENIESSE DAS *Freisein* VON BEWERTUNGEN

1. DANKBARKEIT

Menschen, die dankbar sind, haben eine positive Grundeinstellung. Dies wiederum unterstützt eine tiefe Gelassenheit. Dankbarkeit ist nicht angeboren. Dankbarkeit kann erlernt werden. Aus diesem Grund lade ich dich ein, kurz darüber nachzudenken, wofür du in der letzten Woche dankbar sein darfst. Schreibe dazu mindestens fünf Punkte auf.

. . . .

. . . .

. . . .

2. VERÄNDERUNG

Was hat dich in der sechsten Woche persönlich am stärksten berührt? Schließe die Augen und spüre in dich hinein. Was ist es?

Notiere dir diesen Punkt und überlege dir, was du ab sofort im Alltag ändern kannst, damit dieser Punkt fester Bestandteil deines Lebens wird. Schreibe diese Veränderung auf.

. . . .

. . . .

. . . .

3. ENTWICKLUNG

Übertrage die Werte der letzten sieben Tage in die Diagramme.

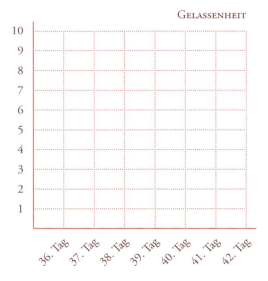

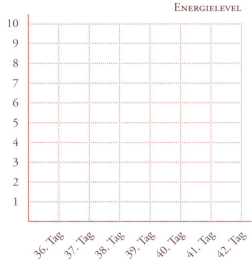

Ø GELASSENHEIT:

Ø ENERGIELEVEL:

Berechnung des Durchschnitts:
SUMME / 7

Woche 7:

ERKENNE DEINE *Gefühle* VOLL UND GANZ AN

43. Tag

DATUM:

1. TÄGLICHES GELASSENHEITS-AFFIRMATIONSRITUAL

Lies die Gelassenheits-Affirmationen laut und mit Überzeugung vor, am besten vor einem Spiegel.

2. TAGESAFFIRMATION

ICH NEHME MEINE *Gefühle* WAHR.

3. MEINE HEUTIGE GELASSENHEIT

Um meine Gelassenheit zu stärken, werde ich mir heute Folgendes gönnen:

. . . .

. . . .

. . . .

4. TAGESAUFGABE

Welche Gefühle sind dir gut bekannt? Notiere dir mindestens fünf.

. . . .

. . . .

. . . .

. . . .

. . . .

5. ERKENNE DEINEN ERFOLG AN

Nenne mindestens fünf Erfolge, die du heute erlebt hast.

. . . .

. . . .

. . . .

DEINE HEUTIGE GELASSENHEIT:

① ② ③ ④ ⑤ ⑥ ⑦ ⑧ ⑨ ⑩

DEIN HEUTIGES ENERGIELEVEL:

① ② ③ ④ ⑤ ⑥ ⑦ ⑧ ⑨ ⑩

1. TÄGLICHES GELASSENHEITS-AFFIRMATIONSRITUAL

Lies die Gelassenheits-Affirmationen laut und mit Überzeugung vor, am besten vor einem Spiegel.

2. TAGESAFFIRMATION

MEINE GEFÜHLE ÜBERMITTELN MIR WICHTIGE *Hinweise.*

3. MEINE HEUTIGE GELASSENHEIT

Um meine Gelassenheit zu stärken, werde ich mir heute Folgendes gönnen:

. . . .

. . . .

. . . .

4. TAGESAUFGABE

Beobachte heute deine Gefühle besonders gut. Welche Gefühle tauchen in welchen konkreten Situationen auf?

Notiere dir diese am Abend.

. . . .

. . . .

. . . .

. . . .

. . . .

5. ERKENNE DEINEN ERFOLG AN

Nenne mindestens fünf Erfolge, die du heute erlebt hast.

. . . .

. . . .

. . . .

DEINE HEUTIGE GELASSENHEIT:

①—②—③—④—⑤—⑥—⑦—⑧—⑨—⑩

DEIN HEUTIGES ENERGIELEVEL:

①—②—③—④—⑤—⑥—⑦—⑧—⑨—⑩

ERKENNE DEINE *Gefühle* VOLL UND GANZ AN

---

1. TÄGLICHES GELASSENHEITS-AFFIRMATIONSRITUAL

Lies die Gelassenheits-Affirmationen laut und mit Überzeugung vor, am besten vor einem Spiegel.

2. TAGESAFFIRMATION

MEINE GEFÜHLE SIND WICHTIGE *Begleiter* AUF MEINEM WEG.

3. MEINE HEUTIGE GELASSENHEIT

Um meine Gelassenheit zu stärken, werde ich mir heute Folgendes gönnen:

. . . .

. . . .

. . . .

4. TAGESAUFGABE

Beobachte heute die Auswirkungen von Gefühlen auf deinen Körper. Welche Gefühle geben dir ein leichtes, angenehmes Gefühl im Körper? Welche Gefühle bewirken das Gegenteil?

Notiere dir am Abend deine Beobachtungen.

. . . .

. . . .

. . . .

. . . .

. . . .

5. ERKENNE DEINEN ERFOLG AN

Nenne mindestens fünf Erfolge, die du heute erlebt hast.

. . . .

. . . .

. . . .

DEINE HEUTIGE GELASSENHEIT: DEIN HEUTIGES ENERGIELEVEL:

①—②—③—④—⑤—⑥—⑦—⑧—⑨—⑩   ①—②—③—④—⑤—⑥—⑦—⑧—⑨—⑩

ERKENNE DEINE *Gefühle* VOLL UND GANZ AN

---

1. TÄGLICHES GELASSENHEITS-AFFIRMATIONSRITUAL

Lies die Gelassenheits-Affirmationen laut und mit Überzeugung vor, am besten vor einem Spiegel.

2. TAGESAFFIRMATION

ICH *lasse* GEFÜHLE IMMER WIEDER *ziehen*.

3. MEINE HEUTIGE GELASSENHEIT

Um meine Gelassenheit zu stärken, werde ich mir heute Folgendes gönnen:

. . . .

. . . .

. . . .

4. TAGESAUFGABE

Lass heute ganz bewusst Gefühle, die auftauchen, auch wieder ziehen.

Nimm die Dynamik von Gefühlen wahr, dass sie wie Wellen im Meer an den Strand rollen und sich dann auch wieder vom Strand wegbewegen.

Notiere am Abend deine Erkenntnisse.

. . . .

. . . .

. . . .

. . . .

. . . .

5. ERKENNE DEINEN ERFOLG AN

Nenne mindestens fünf Erfolge, die du heute erlebt hast.

. . . .

. . . .

. . . .

DEINE HEUTIGE GELASSENHEIT:

①—②—③—④—⑤—⑥—⑦—⑧—⑨—⑩

DEIN HEUTIGES ENERGIELEVEL:

①—②—③—④—⑤—⑥—⑦—⑧—⑨—⑩

Woche 7:

ERKENNE DEINE *Gefühle* VOLL UND GANZ AN

---

1. TÄGLICHES GELASSENHEITS-AFFIRMATIONSRITUAL

Lies die Gelassenheits-Affirmationen laut und mit Überzeugung vor, am besten vor einem Spiegel.

2. TAGESAFFIRMATION

JEDES GEFÜHL HAT EINE *Botschaft.*

3. MEINE HEUTIGE GELASSENHEIT

Um meine Gelassenheit zu stärken, werde ich mir heute Folgendes gönnen:

. . . .

. . . .

. . . .

4. TAGESAUFGABE

Spüre heute ganz besonders in ein Gefühl hinein. Welche Botschaft übermittelt dir dieses Gefühl? Was will es dir sagen? Horche ganz bewusst auf diese Botschaft.

Notiere dir am Abend deine Erkenntnisse.

. . . .

. . . .

. . . .

. . . .

. . . .

5. ERKENNE DEINEN ERFOLG AN

Nenne mindestens fünf Erfolge, die du heute erlebt hast.

. . . .

. . . .

. . . .

DEINE HEUTIGE GELASSENHEIT: DEIN HEUTIGES ENERGIELEVEL:

①②③④⑤⑥⑦⑧⑨⑩   ①②③④⑤⑥⑦⑧⑨⑩

ERKENNE DEINE *Gefühle* VOLL UND GANZ AN

---

1. TÄGLICHES GELASSENHEITS-AFFIRMATIONSRITUAL

Lies die Gelassenheits-Affirmationen laut und mit Überzeugung vor, am besten vor einem Spiegel.

2. TAGESAFFIRMATION

ICH ORDNE MEINE GEFÜHLE *richtig* EIN.

3. MEINE HEUTIGE GELASSENHEIT

Um meine Gelassenheit zu stärken, werde ich mir heute Folgendes gönnen:

. . . .

. . . .

. . . .

4. TAGESAUFGABE

Wähle auch heute nochmals ein Gefühl, das auftaucht, und horche auf die Botschaft, die dir das Gefühl übermitteln wird. Schreibe diese Botschaft auf.

. . . .

. . . .

. . . .

. . . .

. . . .

5. ERKENNE DEINEN ERFOLG AN

Nenne mindestens fünf Erfolge, die du heute erlebt hast.

. . . .

. . . .

. . . .

DEINE HEUTIGE GELASSENHEIT:

①—②—③—④—⑤—⑥—⑦—⑧—⑨—⑩

DEIN HEUTIGES ENERGIELEVEL:

①—②—③—④—⑤—⑥—⑦—⑧—⑨—⑩

1. TÄGLICHES GELASSENHEITS-AFFIRMATIONSRITUAL

Lies die Gelassenheits-Affirmationen laut und mit Überzeugung vor, am besten vor einem Spiegel.

2. TAGESAFFIRMATION

ICH GEHE *konstruktiv* MIT MEINEN GEFÜHLEN UM.

3. MEINE HEUTIGE GELASSENHEIT

Um meine Gelassenheit zu stärken, werde ich mir heute Folgendes gönnen:

. . . .

. . . .

. . . .

4. TAGESAUFGABE

Beobachte, welche konkreten Auswirkungen es in deinem Alltag hat, wenn du deine Gefühle wie Wellen im Meer wahrnimmst und sie auch immer wieder ziehen lässt. Schreibe dir deine Erkenntnisse auf.

. . . .

. . . .

. . . .

. . . .

. . . .

5. ERKENNE DEINEN ERFOLG AN

Nenne mindestens fünf Erfolge, die du heute erlebt hast.

. . . .

. . . .

. . . .

DEINE HEUTIGE GELASSENHEIT:

① ② ③ ④ ⑤ ⑥ ⑦ ⑧ ⑨ ⑩

DEIN HEUTIGES ENERGIELEVEL:

① ② ③ ④ ⑤ ⑥ ⑦ ⑧ ⑨ ⑩

REFLEXIONEN ZUR WOCHE 7

ERKENNE DEINE *Gefühle* VOLL UND GANZ AN

1. DANKBARKEIT

Menschen, die dankbar sind, haben eine positive Grundeinstellung. Dies wiederum unterstützt eine tiefe Gelassenheit. Dankbarkeit ist nicht angeboren. Dankbarkeit kann erlernt werden. Aus diesem Grund lade ich dich ein, kurz darüber nachzudenken, wofür du in der letzten Woche dankbar sein darfst. Schreibe dazu mindestens fünf Punkte auf.

. . . .

. . . .

. . . .

2. VERÄNDERUNG

Was hat dich in der siebten Woche persönlich am stärksten berührt? Schließe die Augen und spüre in dich hinein. Was ist es?

Notiere dir diesen Punkt und überlege dir, was du ab sofort im Alltag ändern kannst, damit dieser Punkt fester Bestandteil deines Lebens wird. Schreibe diese Veränderung auf.

. . . .

. . . .

. . . .

3. ENTWICKLUNG

Übertrage die Werte der letzten sieben Tage in die Diagramme.

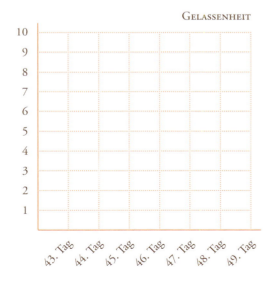

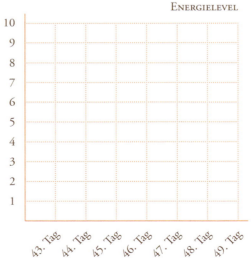

Ø GELASSENHEIT:

Ø ENERGIELEVEL:

Berechnung des Durchschnitts:
SUMME / 7

Woche 8:

LASS DEIN *Energiefeld* DICH *schützen* UND *stärken*

---

1. TÄGLICHES GELASSENHEITS-AFFIRMATIONSRITUAL

Lies die Gelassenheits-Affirmationen laut und mit Überzeugung vor, am besten vor einem Spiegel.

---

2. TAGESAFFIRMATION

MEIN ENERGIEFELD *schützt* MICH.

---

3. MEINE HEUTIGE GELASSENHEIT

Um meine Gelassenheit zu stärken, werde ich mir heute Folgendes gönnen:

. . . .

. . . .

. . . .

---

4. TAGESAUFGABE

Stell dir heute immer wieder einen Mantel um deinen physischen Körper herum vor: eine Schicht, die deinen physischen Körper schützt. Spüre, ob du lieber einen dünneren oder einen dickeren Mantel um dich herum hättest und aus welchem Material dieser Mantel sein sollte. Beschreibe oder zeichne diesen Mantel hier.

. . . .

. . . .

. . . .

. . . .

. . . .

---

5. ERKENNE DEINEN ERFOLG AN

Nenne mindestens fünf Erfolge, die du heute erlebt hast.

. . . .

. . . .

. . . .

DEINE HEUTIGE GELASSENHEIT:

①—②—③—④—⑤—⑥—⑦—⑧—⑨—⑩

DEIN HEUTIGES ENERGIELEVEL:

①—②—③—④—⑤—⑥—⑦—⑧—⑨—⑩

Woche 8:

LASS DEIN *Energiefeld* DICH *schützen* UND *stärken*

---

1. TÄGLICHES GELASSENHEITS-AFFIRMATIONSRITUAL

Lies die Gelassenheits-Affirmationen laut und mit Überzeugung vor, am besten vor einem Spiegel.

2. TAGESAFFIRMATION

MEIN ENERGIEFELD IST *robust.*

3. MEINE HEUTIGE GELASSENHEIT

Um meine Gelassenheit zu stärken, werde ich mir heute Folgendes gönnen:

. . . .

. . . .

. . . .

4. TAGESAUFGABE

Spüre heute immer wieder in den Raum unmittelbar um deinen Körper herum hinein. Wie fühlt sich dieser Raum an? Fühlt er sich wärmend und schützend an oder eher durchlässig und schwach? Beschreibe oder zeichne diesen Raum hier.

. . . .

. . . .

. . . .

. . . .

. . . .

5. ERKENNE DEINEN ERFOLG AN

Nenne mindestens fünf Erfolge, die du heute erlebt hast.

. . . .

. . . .

. . . .

DEINE HEUTIGE GELASSENHEIT: DEIN HEUTIGES ENERGIELEVEL:

①②③④⑤⑥⑦⑧⑨⑩   ①②③④⑤⑥⑦⑧⑨⑩

LASS DEIN *Energiefeld* DICH *schützen* UND *stärken*

---

1. TÄGLICHES GELASSENHEITS-AFFIRMATIONSRITUAL

Lies die Gelassenheits-Affirmationen laut und mit Überzeugung vor, am besten vor einem Spiegel.

2. TAGESAFFIRMATION

MEIN ENERGIEFELD *leuchtet.*

3. MEINE HEUTIGE GELASSENHEIT

Um meine Gelassenheit zu stärken, werde ich mir heute Folgendes gönnen:

. . . .

. . . .

. . . .

4. TAGESAUFGABE

Stell dir in dem Raum unmittelbar um deinen physischen Körper herum bestimmte Farben vor.
Wie fühlt sich Rot, Gelb, Blau, Braun oder Grün an? Würde dir Gold oder ein Glitzereffekt ge-
fallen? Wähle diejenigen Farben aus, die dich besonders ansprechen. Beschreibe oder zeichne diese
Farben hier.

. . . .

. . . .

. . . .

. . . .

. . . .

5. ERKENNE DEINEN ERFOLG AN

Nenne mindestens fünf Erfolge, die du heute erlebt hast.

. . . .

. . . .

. . . .

DEINE HEUTIGE GELASSENHEIT:

①②③④⑤⑥⑦⑧⑨⑩

DEIN HEUTIGES ENERGIELEVEL:

①②③④⑤⑥⑦⑧⑨⑩

73

LASS DEIN *Energiefeld* DICH *schützen* UND *stärken*

1. TÄGLICHES GELASSENHEITS-AFFIRMATIONSRITUAL

Lies die Gelassenheits-Affirmationen laut und mit Überzeugung vor, am besten vor einem Spiegel.

2. TAGESAFFIRMATION

MEIN ENERGIEFELD *schützt* MEINEN PHYSISCHEN KÖRPER.

3. MEINE HEUTIGE GELASSENHEIT

Um meine Gelassenheit zu stärken, werde ich mir heute Folgendes gönnen:

....

....

....

4. TAGESAUFGABE

Spüre in deinen physischen Körper hinein. Wie fühlt sich dein physischer Körper an, wenn du ein starkes Energiefeld mit einer schönen Farbe um dich herum hast? Beschreibe oder zeichne deinen physischen Körper mit einem starken Energiefeld hier.

....

....

....

....

....

5. ERKENNE DEINEN ERFOLG AN

Nenne mindestens fünf Erfolge, die du heute erlebt hast.

....

....

....

DEINE HEUTIGE GELASSENHEIT:

1—2—3—4—5—6—7—8—9—10

DEIN HEUTIGES ENERGIELEVEL:

1—2—3—4—5—6—7—8—9—10

LASS DEIN *Energiefeld* DICH *schützen* UND *stärken*

---

1. TÄGLICHES GELASSENHEITS-AFFIRMATIONSRITUAL

Lies die Gelassenheits-Affirmationen laut und mit Überzeugung vor, am besten vor einem Spiegel.

---

2. TAGESAFFIRMATION

MEIN ENERGIEFELD *unterstützt* MICH BEI MEINEN TÄGLICHEN AUFGABEN.

---

3. MEINE HEUTIGE GELASSENHEIT

Um meine Gelassenheit zu stärken, werde ich mir heute Folgendes gönnen:

. . . .

. . . .

. . . .

---

4. TAGESAUFGABE

Stell dir heute in einer anspruchsvollen Situation ein besonders starkes und ausgedehntes Energiefeld um dich herum vor. Stell dir dein Energiefeld wie eine Schutzschicht um deinen physischen Körper herum vor. Notiere am Abend deine Beobachtungen.

. . . .

. . . .

. . . .

. . . .

. . . .

---

5. ERKENNE DEINEN ERFOLG AN

Nenne mindestens fünf Erfolge, die du heute erlebt hast.

. . . .

. . . .

. . . .

DEINE HEUTIGE GELASSENHEIT:

①—②—③—④—⑤—⑥—⑦—⑧—⑨—⑩

DEIN HEUTIGES ENERGIELEVEL:

①—②—③—④—⑤—⑥—⑦—⑧—⑨—⑩

Lass dein *Energiefeld* dich *schützen* und *stärken*

---

1. Tägliches Gelassenheits-Affirmationsritual

Lies die Gelassenheits-Affirmationen laut und mit Überzeugung vor, am besten vor einem Spiegel.

---

2. Tagesaffirmation

Mein Energiefeld *spiegelt* meine wunderbaren Qualitäten wider.

3. Meine heutige Gelassenheit

Um meine Gelassenheit zu stärken, werde ich mir heute Folgendes gönnen:

....

....

....

---

4. Tagesaufgabe

Spüre in dein Energiefeld hinein, wie sich deine Qualitäten und Stärken darin spiegeln. Beschreibe oder zeichne dein Energiefeld hier.

....

....

....

....

....

---

5. Erkenne deinen Erfolg an

Nenne mindestens fünf Erfolge, die du heute erlebt hast.

....

....

....

Deine heutige Gelassenheit:

① ② ③ ④ ⑤ ⑥ ⑦ ⑧ ⑨ ⑩

Dein heutiges Energielevel:

① ② ③ ④ ⑤ ⑥ ⑦ ⑧ ⑨ ⑩

LASS DEIN *Energiefeld* DICH *schützen* UND *stärken*

---

1. TÄGLICHES GELASSENHEITS-AFFIRMATIONSRITUAL

Lies die Gelassenheits-Affirmationen laut und mit Überzeugung vor, am besten vor einem Spiegel.

2. TAGESAFFIRMATION

MEIN ENERGIEFELD IST *beständig, stark* UND *schützend.*

3. MEINE HEUTIGE GELASSENHEIT

Um meine Gelassenheit zu stärken, werde ich mir heute Folgendes gönnen:

. . . .

. . . .

. . . .

4. TAGESAUFGABE

Wie unterstützt dein starkes, schützendes Energiefeld dich in deinem Alltag? Notiere deine Erkenntnisse.

. . . .

. . . .

. . . .

. . . .

. . . .

5. ERKENNE DEINEN ERFOLG AN

Nenne mindestens fünf Erfolge, die du heute erlebt hast.

. . . .

. . . .

. . . .

DEINE HEUTIGE GELASSENHEIT:

①②③④⑤⑥⑦⑧⑨⑩

DEIN HEUTIGES ENERGIELEVEL:

①②③④⑤⑥⑦⑧⑨⑩

REFLEXIONEN ZUR WOCHE 8

LASS DEIN *Energiefeld* DICH *schützen* UND *stärken*

1. DANKBARKEIT

Menschen, die dankbar sind, haben eine positive Grundeinstellung. Dies wiederum unterstützt eine tiefe Gelassenheit. Dankbarkeit ist nicht angeboren. Dankbarkeit kann erlernt werden. Aus diesem Grund lade ich dich ein, kurz darüber nachzudenken, wofür du in der letzten Woche dankbar sein darfst. Schreibe dazu mindestens fünf Punkte auf.

. . . .

. . . .

. . . .

2. VERÄNDERUNG

Was hat dich in der achten Woche persönlich am stärksten berührt? Schließe die Augen und spüre in dich hinein. Was ist es?

Notiere dir diesen Punkt und überlege dir, was du ab sofort im Alltag ändern kannst, damit dieser Punkt fester Bestandteil deines Lebens wird. Schreibe diese Veränderung auf.

. . . .

. . . .

. . . .

3. ENTWICKLUNG

Übertrage die Werte der letzten sieben Tage in die Diagramme.

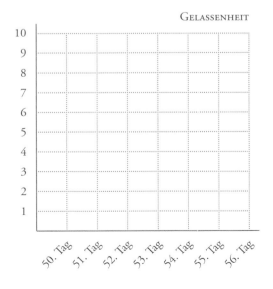

GELASSENHEIT

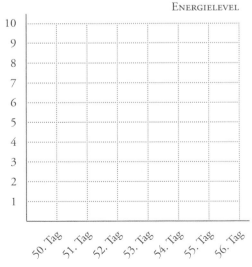

ENERGIELEVEL

Ø GELASSENHEIT:

Ø ENERGIELEVEL:

Berechnung des Durchschnitts:
SUMME / 7

1. TÄGLICHES GELASSENHEITS-AFFIRMATIONSRITUAL

Lies die Gelassenheits-Affirmationen laut und mit Überzeugung vor, am besten vor einem Spiegel.

2. TAGESAFFIRMATION

ICH LEBE MIT *offenem* HERZEN.

3. MEINE HEUTIGE GELASSENHEIT

Um meine Gelassenheit zu stärken, werde ich mir heute Folgendes gönnen:

. . . .

. . . .

. . . .

4. TAGESAUFGABE

Spüre in deinen Körper hinein, wie es sich anfühlt, wenn dein energetisches Herzzentrum geöffnet ist. Speichere diese Wahrnehmung in deinem Körper ab, sodass du immer wieder überprüfen kannst, ob dein Herz offen ist. Notiere dir diese Wahrnehmung.

. . . .

. . . .

. . . .

. . . .

. . . .

5. ERKENNE DEINEN ERFOLG AN

Nenne mindestens fünf Erfolge, die du heute erlebt hast.

. . . .

. . . .

. . . .

DEINE HEUTIGE GELASSENHEIT:

① ② ③ ④ ⑤ ⑥ ⑦ ⑧ ⑨ ⑩

DEIN HEUTIGES ENERGIELEVEL:

① ② ③ ④ ⑤ ⑥ ⑦ ⑧ ⑨ ⑩

1. TÄGLICHES GELASSENHEITS-AFFIRMATIONSRITUAL

Lies die Gelassenheits-Affirmationen laut und mit Überzeugung vor, am besten vor einem Spiegel.

2. TAGESAFFIRMATION

ICH ÖFFNE MEIN HERZ *mir selbst* GEGENÜBER.

3. MEINE HEUTIGE GELASSENHEIT

Um meine Gelassenheit zu stärken, werde ich mir heute Folgendes gönnen:

. . . .

. . . .

. . . .

4. TAGESAUFGABE

Spüre ganz bewusst, dass die Energie aus deinem Herzzentrum auch dir selbst zukommt. Wie fühlt sich das an? Notiere dir deine Beobachtungen.

. . . .

. . . .

. . . .

. . . .

. . . .

5. ERKENNE DEINEN ERFOLG AN

Nenne mindestens fünf Erfolge, die du heute erlebt hast.

. . . .

. . . .

. . . .

DEINE HEUTIGE GELASSENHEIT:
① ② ③ ④ ⑤ ⑥ ⑦ ⑧ ⑨ ⑩

DEIN HEUTIGES ENERGIELEVEL:
① ② ③ ④ ⑤ ⑥ ⑦ ⑧ ⑨ ⑩

Woche 9:
Öffne dein Herz

---

1. Tägliches Gelassenheits-Affirmationsritual

Lies die Gelassenheits-Affirmationen laut und mit Überzeugung vor, am besten vor einem Spiegel.

2. Tagesaffirmation

Meine Herzensenergie *fließt* nach innen und nach aussen.

3. Meine heutige Gelassenheit

Um meine Gelassenheit zu stärken, werde ich mir heute Folgendes gönnen:

. . . .

. . . .

. . . .

4. Tagesaufgabe

Spüre ganz bewusst, wie die Energie aus deinem Herzen gleichzeitig nach innen zu dir selbst und auch nach außen zu anderen Menschen fließt. Spüre dabei auch, dass dein Energiefeld dich schützt. Notiere dir deine Wahrnehmungen.

. . . .

. . . .

. . . .

. . . .

. . . .

5. Erkenne deinen Erfolg an

Nenne mindestens fünf Erfolge, die du heute erlebt hast.

. . . .

. . . .

. . . .

Deine heutige Gelassenheit:

①-②-③-④-⑤-⑥-⑦-⑧-⑨-⑩

Dein heutiges Energielevel:

①-②-③-④-⑤-⑥-⑦-⑧-⑨-⑩

Woche 9:
Öffne DEIN Herz

---

1. TÄGLICHES GELASSENHEITS-AFFIRMATIONSRITUAL

Lies die Gelassenheits-Affirmationen laut und mit Überzeugung vor, am besten vor einem Spiegel.

2. TAGESAFFIRMATION

ICH *spreche* MIT OFFENEM HERZEN.

3. MEINE HEUTIGE GELASSENHEIT

Um meine Gelassenheit zu stärken, werde ich mir heute Folgendes gönnen:

. . . .

. . . .

. . . .

4. TAGESAUFGABE

Sprich heute in einer Begegnung ganz bewusst mit einem offenen Herzen. Spüre, welche Worte du aus deinem Herzen heraus wählen möchtest. Notiere deine Beobachtungen.

. . . .

. . . .

. . . .

. . . .

. . . .

5. ERKENNE DEINEN ERFOLG AN

Nenne mindestens fünf Erfolge, die du heute erlebt hast.

. . . .

. . . .

. . . .

DEINE HEUTIGE GELASSENHEIT:

①②③④⑤⑥⑦⑧⑨⑩

DEIN HEUTIGES ENERGIELEVEL:

①②③④⑤⑥⑦⑧⑨⑩

Woche 9:
Öffne DEIN Herz

---

1. TÄGLICHES GELASSENHEITS-AFFIRMATIONSRITUAL

Lies die Gelassenheits-Affirmationen laut und mit Überzeugung vor, am besten vor einem Spiegel.

2. TAGESAFFIRMATION

MEIN HERZ BLEIBT IMMER *offen*.

3. MEINE HEUTIGE GELASSENHEIT

Um meine Gelassenheit zu stärken, werde ich mir heute Folgendes gönnen:

. . . .

. . . .

. . . .

4. TAGESAUFGABE

Öffne dein Herz heute ganz bewusst auch einer für dich anspruchsvolleren Person gegenüber. Spüre, welchen Einfluss dies auf die Beziehung und die Kommunikation hat. Notiere deine Beobachtungen.

. . . .

. . . .

. . . .

. . . .

. . . .

5. ERKENNE DEINEN ERFOLG AN

Nenne mindestens fünf Erfolge, die du heute erlebt hast.

. . . .

. . . .

. . . .

DEINE HEUTIGE GELASSENHEIT:
1 2 3 4 5 6 7 8 9 10

DEIN HEUTIGES ENERGIELEVEL:
1 2 3 4 5 6 7 8 9 10

Öffne DEIN *Herz*

---

1. TÄGLICHES GELASSENHEITS-AFFIRMATIONSRITUAL

Lies die Gelassenheits-Affirmationen laut und mit Überzeugung vor, am besten vor einem Spiegel.

2. TAGESAFFIRMATION

ALLE MEINE HANDLUNGEN
   WERDEN VON MEINER *Herzensenergie* BEEINFLUSST.

3. MEINE HEUTIGE GELASSENHEIT

Um meine Gelassenheit zu stärken, werde ich mir heute Folgendes gönnen:

. . . .

. . . .

. . . .

4. TAGESAUFGABE

Führe heute ganz bewusst eine Handlung mit offenem Herzen aus.

Notiere die Auswirkungen.

. . . .

. . . .

. . . .

. . . .

. . . .

5. ERKENNE DEINEN ERFOLG AN

Nenne mindestens fünf Erfolge, die du heute erlebt hast.

. . . .

. . . .

. . . .

DEINE HEUTIGE GELASSENHEIT:

① ② ③ ④ ⑤ ⑥ ⑦ ⑧ ⑨ ⑩

DEIN HEUTIGES ENERGIELEVEL:

① ② ③ ④ ⑤ ⑥ ⑦ ⑧ ⑨ ⑩

Woche 9:
Öffne DEIN Herz

---

1. TÄGLICHES GELASSENHEITS-AFFIRMATIONSRITUAL

Lies die Gelassenheits-Affirmationen laut und mit Überzeugung vor, am besten vor einem Spiegel.

2. TAGESAFFIRMATION

MEIN HERZ WEIST MIR DEN *Weg*.

3. MEINE HEUTIGE GELASSENHEIT

Um meine Gelassenheit zu stärken, werde ich mir heute Folgendes gönnen:

. . . .

. . . .

. . . .

4. TAGESAUFGABE

Nimm wahr, wo dein offenes Herz bereits konkrete Auswirkungen zeigt. Liste diese Auswirkungen hier auf.

. . . .

. . . .

. . . .

. . . .

. . . .

5. ERKENNE DEINEN ERFOLG AN

Nenne mindestens fünf Erfolge, die du heute erlebt hast.

. . . .

. . . .

. . . .

DEINE HEUTIGE GELASSENHEIT:

① ② ③ ④ ⑤ ⑥ ⑦ ⑧ ⑨ ⑩

DEIN HEUTIGES ENERGIELEVEL:

① ② ③ ④ ⑤ ⑥ ⑦ ⑧ ⑨ ⑩

REFLEXIONEN ZUR WOCHE 9

Öffne DEIN Herz

1. DANKBARKEIT

Menschen, die dankbar sind, haben eine positive Grundeinstellung. Dies wiederum unterstützt eine tiefe Gelassenheit. Dankbarkeit ist nicht angeboren. Dankbarkeit kann erlernt werden. Aus diesem Grund lade ich dich ein, kurz darüber nachzudenken, wofür du in der letzten Woche dankbar sein darfst. Schreibe dazu mindestens fünf Punkte auf.

. . . .

. . . .

. . . .

2. VERÄNDERUNG

Was hat dich in der neunten Woche persönlich am stärksten berührt? Schließe die Augen und spüre in dich hinein. Was ist es?

Notiere dir diesen Punkt und überlege dir, was du ab sofort im Alltag ändern kannst, damit dieser Punkt fester Bestandteil deines Lebens wird. Schreibe diese Veränderung auf.

. . . .

. . . .

. . . .

3. ENTWICKLUNG

Übertrage die Werte der letzten sieben Tage in die Diagramme.

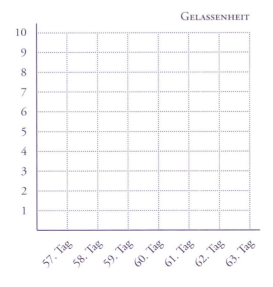

GELASSENHEIT

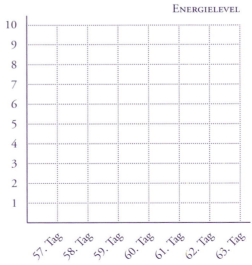

ENERGIELEVEL

Ø GELASSENHEIT:

Ø ENERGIELEVEL:

Berechnung des Durchschnitts:
SUMME / 7

Woche 10:
Vertiefe das Vertrauen

64. Tag

DATUM:

---

1. TÄGLICHES GELASSENHEITS-AFFIRMATIONSRITUAL

Lies die Gelassenheits-Affirmationen laut und mit Überzeugung vor, am besten vor einem Spiegel.

2. TAGESAFFIRMATION

MEIN *Vertrauen* INS LEBEN WIRD TÄGLICH GRÖSSER.

3. MEINE HEUTIGE GELASSENHEIT

Um meine Gelassenheit zu stärken, werde ich mir heute Folgendes gönnen:

. . . .

. . . .

. . . .

4. TAGESAUFGABE

Liste die Lebensbereiche auf, in denen du mehr im Vertrauen sein möchtest und deine Handlungen von mehr Vertrauen geleitet sein dürfen.

. . . .

. . . .

. . . .

. . . .

. . . .

5. ERKENNE DEINEN ERFOLG AN

Nenne mindestens fünf Erfolge, die du heute erlebt hast.

. . . .

. . . .

. . . .

DEINE HEUTIGE GELASSENHEIT:

①②③④⑤⑥⑦⑧⑨⑩

DEIN HEUTIGES ENERGIELEVEL:

①②③④⑤⑥⑦⑧⑨⑩

87

Woche 10:
Vertiefe das Vertrauen

65. Tag

DATUM:

---

1. Tägliches Gelassenheits-Affirmationsritual

Lies die Gelassenheits-Affirmationen laut und mit Überzeugung vor, am besten vor einem Spiegel.

2. Tagesaffirmation

ICH WERDE JEDEN TAG *stärker.*

3. Meine heutige Gelassenheit

Um meine Gelassenheit zu stärken, werde ich mir heute Folgendes gönnen:

. . . .

. . . .

. . . .

4. Tagesaufgabe

Schreibe mindestens drei Beispiele auf, bei denen du in deinem Leben schon vertrauen durftest – auf die Umstände oder auf Menschen in deinem Umfeld.

. . . .

. . . .

. . . .

. . . .

. . . .

5. Erkenne deinen Erfolg an

Nenne mindestens fünf Erfolge, die du heute erlebt hast.

. . . .

. . . .

. . . .

DEINE HEUTIGE GELASSENHEIT:

①—②—③—④—⑤—⑥—⑦—⑧—⑨—⑩

DEIN HEUTIGES ENERGIELEVEL:

①—②—③—④—⑤—⑥—⑦—⑧—⑨—⑩

Woche 10:
Vertiefe das Vertrauen

1. TÄGLICHES GELASSENHEITS-AFFIRMATIONSRITUAL

Lies die Gelassenheits-Affirmationen laut und mit Überzeugung vor, am besten vor einem Spiegel.

2. TAGESAFFIRMATION

ICH HABE DIE *Möglichkeit*, ÜBER MICH SELBST HINAUSZUWACHSEN.

3. MEINE HEUTIGE GELASSENHEIT

Um meine Gelassenheit zu stärken, werde ich mir heute Folgendes gönnen:

. . . .

. . . .

. . . .

4. TAGESAUFGABE

Schreibe diejenigen Überzeugungen oder alten Geschichten, die du jetzt loslässt, um noch mehr ins Vertrauen zu kommen, auf ein separates Blatt Papier. Verbrenne dieses Papier. Halte hier fest, wie du dich danach fühlst.

. . . .

. . . .

. . . .

. . . .

5. ERKENNE DEINEN ERFOLG AN

Nenne mindestens fünf Erfolge, die du heute erlebt hast.

. . . .

. . . .

. . . .

DEINE HEUTIGE GELASSENHEIT:

①②③④⑤⑥⑦⑧⑨⑩

DEIN HEUTIGES ENERGIELEVEL:

①②③④⑤⑥⑦⑧⑨⑩

Woche 10:
Vertiefe das Vertrauen

67. Tag
DATUM:

---

1. Tägliches Gelassenheits-Affirmationsritual

Lies die Gelassenheits-Affirmationen laut und mit Überzeugung vor, am besten vor einem Spiegel.

---

2. Tagesaffirmation

ICH VERTRAUE MIR *selbst*.

---

3. Meine heutige Gelassenheit

Um meine Gelassenheit zu stärken, werde ich mir heute Folgendes gönnen:

....

....

....

---

4. Tagesaufgabe

Visualisiere dich in einer zukünftigen anspruchsvollen Situation, in der du spürst, dass du tief im Vertrauen verankert bist.

Notiere hier, wie du dich dabei fühlst und welche körperlichen Empfindungen du hast.

....

....

....

....

....

---

5. Erkenne deinen Erfolg an

Nenne mindestens fünf Erfolge, die du heute erlebt hast.

....

....

....

DEINE HEUTIGE GELASSENHEIT:

①—②—③—④—⑤—⑥—⑦—⑧—⑨—⑩

DEIN HEUTIGES ENERGIELEVEL:

①—②—③—④—⑤—⑥—⑦—⑧—⑨—⑩

Woche 10:
Vertiefe das Vertrauen

---

1. TÄGLICHES GELASSENHEITS-AFFIRMATIONSRITUAL

Lies die Gelassenheits-Affirmationen laut und mit Überzeugung vor, am besten vor einem Spiegel.

2. TAGESAFFIRMATION

DAS UNIVERSUM UNTERSTÜTZT MICH *jederzeit.*

3. MEINE HEUTIGE GELASSENHEIT

Um meine Gelassenheit zu stärken, werde ich mir heute Folgendes gönnen:

. . . .

. . . .

. . . .

4. TAGESAUFGABE

Welche körperlichen Empfindungen ruft Vertrauen in dir hervor? Wie fühlt sich Vertrauen in deinem Körper an? Notiere dir deine Beobachtungen.

. . . .

. . . .

. . . .

. . . .

. . . .

5. ERKENNE DEINEN ERFOLG AN

Nenne mindestens fünf Erfolge, die du heute erlebt hast.

. . . .

. . . .

. . . .

DEINE HEUTIGE GELASSENHEIT:

DEIN HEUTIGES ENERGIELEVEL:

1 2 3 4 5 6 7 8 9 10

Woche 10:
Vertiefe DAS Vertrauen

1. TÄGLICHES GELASSENHEITS-AFFIRMATIONSRITUAL

Lies die Gelassenheits-Affirmationen laut und mit Überzeugung vor, am besten vor einem Spiegel.

2. TAGESAFFIRMATION

ICH LEBE IN EINEM TIEFEN *Vertrauen*.

3. MEINE HEUTIGE GELASSENHEIT

Um meine Gelassenheit zu stärken, werde ich mir heute Folgendes gönnen:

....

....

....

4. TAGESAUFGABE

Welchen konkreten Handlungen, Aufgaben und Herausforderungen trittst du ab heute mit tiefem Vertrauen entgegen? Liste diese hier auf.

....

....

....

....

....

5. ERKENNE DEINEN ERFOLG AN

Nenne mindestens fünf Erfolge, die du heute erlebt hast.

....

....

....

DEINE HEUTIGE GELASSENHEIT:

①-②-③-④-⑤-⑥-⑦-⑧-⑨-⑩

DEIN HEUTIGES ENERGIELEVEL:

①-②-③-④-⑤-⑥-⑦-⑧-⑨-⑩

Woche 10:
Vertiefe das Vertrauen

---

1. Tägliches Gelassenheits-Affirmationsritual

Lies die Gelassenheits-Affirmationen laut und mit Überzeugung vor, am besten vor einem Spiegel.

2. Tagesaffirmation

MEIN VERTRAUEN WIRD *bestätigt*.

3. Meine heutige Gelassenheit

Um meine Gelassenheit zu stärken, werde ich mir heute Folgendes gönnen:

. . . .

. . . .

. . . .

4. Tagesaufgabe

Wo siehst du jetzt bereits Auswirkungen vom gewachsenen Vertrauen?
Notiere deine Beobachtungen.

. . . .

. . . .

. . . .

. . . .

. . . .

5. Erkenne deinen Erfolg an

Nenne mindestens fünf Erfolge, die du heute erlebt hast.

. . . .

. . . .

. . . .

DEINE HEUTIGE GELASSENHEIT:

(1)(2)(3)(4)(5)(6)(7)(8)(9)(10)

DEIN HEUTIGES ENERGIELEVEL:

(1)(2)(3)(4)(5)(6)(7)(8)(9)(10)

REFLEXIONEN ZUR WOCHE 10

Vertiefe DAS *Vertrauen*

1. DANKBARKEIT

Menschen, die dankbar sind, haben eine positive Grundeinstellung. Dies wiederum unterstützt eine tiefe Gelassenheit. Dankbarkeit ist nicht angeboren. Dankbarkeit kann erlernt werden. Aus diesem Grund lade ich dich ein, kurz darüber nachzudenken, wofür du in der letzten Woche dankbar sein darfst. Schreibe dazu mindestens fünf Punkte auf.

. . . .

. . . .

. . . .

2. VERÄNDERUNG

Was hat dich in der zehnten Woche persönlich am stärksten berührt? Schließe die Augen und spüre in dich hinein. Was ist es?

Notiere dir diesen Punkt und überlege dir, was du ab sofort im Alltag ändern kannst, damit dieser Punkt fester Bestandteil deines Lebens wird. Schreibe diese Veränderung auf.

. . . .

. . . .

. . . .

3. ENTWICKLUNG

Übertrage die Werte der letzten sieben Tage in die Diagramme.

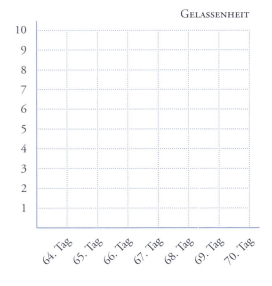
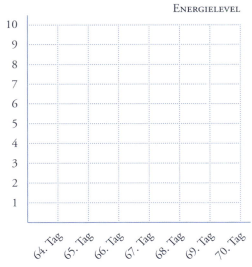

Ø GELASSENHEIT:

Ø ENERGIELEVEL:

Berechnung des Durchschnitts:
SUMME / 7

Woche 11:

NUTZE DEINE *Schöpferkraft*

71. Tag

DATUM:

---

1. TÄGLICHES GELASSENHEITS-AFFIRMATIONSRITUAL

Lies die Gelassenheits-Affirmationen laut und mit Überzeugung vor, am besten vor einem Spiegel.

2. TAGESAFFIRMATION

ICH HABE UNGEAHNTE *Kräfte.*

3. MEINE HEUTIGE GELASSENHEIT

Um meine Gelassenheit zu stärken, werde ich mir heute Folgendes gönnen:

....
....
....

4. TAGESAUFGABE

Was möchtest du mit deiner Schöpferkraft kreieren? Beschreibe es in möglichst vielen Details.

....
....
....
....
....

5. ERKENNE DEINEN ERFOLG AN

Nenne mindestens fünf Erfolge, die du heute erlebt hast.

....
....
....

DEINE HEUTIGE GELASSENHEIT:

① ② ③ ④ ⑤ ⑥ ⑦ ⑧ ⑨ ⑩

DEIN HEUTIGES ENERGIELEVEL:

① ② ③ ④ ⑤ ⑥ ⑦ ⑧ ⑨ ⑩

Woche 11:

NUTZE DEINE *Schöpferkraft*

1. TÄGLICHES GELASSENHEITS-AFFIRMATIONSRITUAL

Lies die Gelassenheits-Affirmationen laut und mit Überzeugung vor, am besten vor einem Spiegel.

2. TAGESAFFIRMATION

ICH BIN DIE *Schöpferin* MEINES LEBENS.

3. MEINE HEUTIGE GELASSENHEIT

Um meine Gelassenheit zu stärken, werde ich mir heute Folgendes gönnen:

. . . .

. . . .

. . . .

4. TAGESAUFGABE

Sieh dich vor deinem inneren Auge, wie du deinen Wunsch bereits kreiert hast. Was tust du? Wie fühlst du dich? Wie sieht dein Leben aus? Notiere dir deine Eindrücke.

. . . .

. . . .

. . . .

. . . .

. . . .

5. ERKENNE DEINEN ERFOLG AN

Nenne mindestens fünf Erfolge, die du heute erlebt hast.

. . . .

. . . .

. . . .

DEINE HEUTIGE GELASSENHEIT:

① ② ③ ④ ⑤ ⑥ ⑦ ⑧ ⑨ ⑩

DEIN HEUTIGES ENERGIELEVEL:

① ② ③ ④ ⑤ ⑥ ⑦ ⑧ ⑨ ⑩

---

1. TÄGLICHES GELASSENHEITS-AFFIRMATIONSRITUAL

Lies die Gelassenheits-Affirmationen laut und mit Überzeugung vor, am besten vor einem Spiegel.

2. TAGESAFFIRMATION

DAS UNIVERSUM *unterstützt* ALLE MEINE WÜNSCHE.

3. MEINE HEUTIGE GELASSENHEIT

Um meine Gelassenheit zu stärken, werde ich mir heute Folgendes gönnen:

. . . .

. . . .

. . . .

4. TAGESAUFGABE

Visualisiere dein Leben, wenn es keine Einschränkungen gibt. Was tust du dann? Wie fühlst du dich? Wie sieht dein Leben aus? Schreibe deine Eindrücke auf.

. . . .

. . . .

. . . .

. . . .

. . . .

5. ERKENNE DEINEN ERFOLG AN

Nenne mindestens fünf Erfolge, die du heute erlebt hast.

. . . .

. . . .

. . . .

DEINE HEUTIGE GELASSENHEIT:

①–②–③–④–⑤–⑥–⑦–⑧–⑨–⑩

DEIN HEUTIGES ENERGIELEVEL:

①–②–③–④–⑤–⑥–⑦–⑧–⑨–⑩

Woche 11:

NUTZE DEINE *Schöpferkraft*

---

1. TÄGLICHES GELASSENHEITS-AFFIRMATIONSRITUAL

Lies die Gelassenheits-Affirmationen laut und mit Überzeugung vor, am besten vor einem Spiegel.

---

2. TAGESAFFIRMATION

ICH *liebe* DAS LEBEN UND DAS LEBEN *liebt* MICH.

---

3. MEINE HEUTIGE GELASSENHEIT

Um meine Gelassenheit zu stärken, werde ich mir heute Folgendes gönnen:

. . . .

. . . .

. . . .

---

4. TAGESAUFGABE

Sprich mit einer Person über deine Schöpferkraft und ihre Möglichkeiten. Wähle eine konstruktive Person in deinem Umfeld. Bitte sie um mentale und emotionale Unterstützung. Notiere dir deine Erkenntnisse aus diesem Gespräch.

. . . .

. . . .

. . . .

. . . .

. . . .

---

5. ERKENNE DEINEN ERFOLG AN

Nenne mindestens fünf Erfolge, die du heute erlebt hast.

. . . .

. . . .

. . . .

DEINE HEUTIGE GELASSENHEIT:

①②③④⑤⑥⑦⑧⑨⑩

DEIN HEUTIGES ENERGIELEVEL:

①②③④⑤⑥⑦⑧⑨⑩

Woche 11:

Nutze deine *Schöpferkraft*

75. Tag

DATUM:

---

1. TÄGLICHES GELASSENHEITS-AFFIRMATIONSRITUAL

Lies die Gelassenheits-Affirmationen laut und mit Überzeugung vor, am besten vor einem Spiegel.

---

2. TAGESAFFIRMATION

ICH BIN *stark, frei* UND *kreativ*.

---

3. MEINE HEUTIGE GELASSENHEIT

Um meine Gelassenheit zu stärken, werde ich mir heute Folgendes gönnen:

....

....

....

---

4. TAGESAUFGABE

Welche körperlichen Empfindungen hast du, wenn du deine Schöpferkraft visualisiert und spürst? Notiere diese hier.

....

....

....

....

....

---

5. ERKENNE DEINEN ERFOLG AN

Nenne mindestens fünf Erfolge, die du heute erlebt hast.

....

....

....

DEINE HEUTIGE GELASSENHEIT:

①②③④⑤⑥⑦⑧⑨⑩

DEIN HEUTIGES ENERGIELEVEL:

①②③④⑤⑥⑦⑧⑨⑩

Woche 11:

NUTZE DEINE *Schöpferkraft*

---

1. TÄGLICHES GELASSENHEITS-AFFIRMATIONSRITUAL

Lies die Gelassenheits-Affirmationen laut und mit Überzeugung vor, am besten vor einem Spiegel.

---

2. TAGESAFFIRMATION

ICH HABE DIE KRAFT, MEINE WÜNSCHE IN *Erfüllung* ZU BRINGEN.

---

3. MEINE HEUTIGE GELASSENHEIT

Um meine Gelassenheit zu stärken, werde ich mir heute Folgendes gönnen:

. . . .

. . . .

. . . .

---

4. TAGESAUFGABE

Welche konkrete Handlung führst du jetzt aus, um deiner Schöpferkraft Raum zu geben? Notiere dir hier deinen Plan.

. . . .

. . . .

. . . .

. . . .

. . . .

---

5. ERKENNE DEINEN ERFOLG AN

Nenne mindestens fünf Erfolge, die du heute erlebt hast.

. . . .

. . . .

. . . .

DEINE HEUTIGE GELASSENHEIT:

① ② ③ ④ ⑤ ⑥ ⑦ ⑧ ⑨ ⑩

DEIN HEUTIGES ENERGIELEVEL:

① ② ③ ④ ⑤ ⑥ ⑦ ⑧ ⑨ ⑩

Woche 11:

Nutze deine *Schöpferkraft*

---

1. TÄGLICHES GELASSENHEITS-AFFIRMATIONSRITUAL

Lies die Gelassenheits-Affirmationen laut und mit Überzeugung vor, am besten vor einem Spiegel.

---

2. TAGESAFFIRMATION

ICH KREIERE MIR EIN *wunderbares* LEBEN.

---

3. MEINE HEUTIGE GELASSENHEIT

Um meine Gelassenheit zu stärken, werde ich mir heute Folgendes gönnen:

. . . .

. . . .

. . . .

---

4. TAGESAUFGABE

Wo siehst du bereits Auswirkungen deiner Schöpferkraft in deinem Leben?
Liste dir deine Erkenntnisse hier auf.

. . . .

. . . .

. . . .

. . . .

. . . .

---

5. ERKENNE DEINEN ERFOLG AN

Nenne mindestens fünf Erfolge, die du heute erlebt hast.

. . . .

. . . .

. . . .

DEINE HEUTIGE GELASSENHEIT:

①—②—③—④—⑤—⑥—⑦—⑧—⑨—⑩

DEIN HEUTIGES ENERGIELEVEL:

①—②—③—④—⑤—⑥—⑦—⑧—⑨—⑩

REFLEXIONEN ZUR WOCHE 11

NUTZE DEINE *Schöpferkraft*

1. DANKBARKEIT

Menschen, die dankbar sind, haben eine positive Grundeinstellung. Dies wiederum unterstützt eine tiefe Gelassenheit. Dankbarkeit ist nicht angeboren. Dankbarkeit kann erlernt werden. Aus diesem Grund lade ich dich ein, kurz darüber nachzudenken, wofür du in der letzten Woche dankbar sein darfst. Schreibe dazu mindestens fünf Punkte auf.

. . . .

. . . .

. . . .

2. VERÄNDERUNG

Was hat dich in der elften Woche persönlich am stärksten berührt? Schließe die Augen und spüre in dich hinein. Was ist es?

Notiere dir diesen Punkt und überlege dir, was du ab sofort im Alltag ändern kannst, damit dieser Punkt fester Bestandteil deines Lebens wird. Schreibe diese Veränderung auf.

. . . .

. . . .

. . . .

3. ENTWICKLUNG

Übertrage die Werte der letzten sieben Tage in die Diagramme.

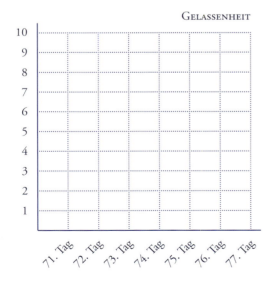

GELASSENHEIT

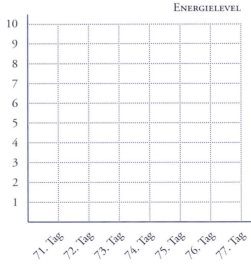

ENERGIELEVEL

Ø GELASSENHEIT:

Ø ENERGIELEVEL:

Berechnung des Durchschnitts:
SUMME / 7

1. TÄGLICHES GELASSENHEITS-AFFIRMATIONSRITUAL

Lies die Gelassenheits-Affirmationen laut und mit Überzeugung vor, am besten vor einem Spiegel.

2. TAGESAFFIRMATION

SPIRITUALITÄT GIBT MEINEM LEBEN *Tiefe* UND *Kraft*.

3. MEINE HEUTIGE GELASSENHEIT

Um meine Gelassenheit zu stärken, werde ich mir heute Folgendes gönnen:

. . . .

. . . .

. . . .

4. TAGESAUFGABE

Schreibe alle Worte, Begriffe und Sätze auf, die dir zu deiner ganz persönlichen Spiritualität einfallen.

. . . .

. . . .

. . . .

. . . .

. . . .

5. ERKENNE DEINEN ERFOLG AN

Nenne mindestens fünf Erfolge, die du heute erlebt hast.

. . . .

. . . .

. . . .

DEINE HEUTIGE GELASSENHEIT:

① ② ③ ④ ⑤ ⑥ ⑦ ⑧ ⑨ ⑩

DEIN HEUTIGES ENERGIELEVEL:

① ② ③ ④ ⑤ ⑥ ⑦ ⑧ ⑨ ⑩

Woche 12:

LEBE *Spiritualität*

---

1. TÄGLICHES GELASSENHEITS-AFFIRMATIONSRITUAL

Lies die Gelassenheits-Affirmationen laut und mit Überzeugung vor, am besten vor einem Spiegel.

---

2. TAGESAFFIRMATION

ICH LEBE MEINE *Spiritualität* JEDEN TAG.

---

3. MEINE HEUTIGE GELASSENHEIT

Um meine Gelassenheit zu stärken, werde ich mir heute Folgendes gönnen:

. . . .

. . . .

. . . .

---

4. TAGESAUFGABE

Notiere dir, wo in deinem Umfeld, in deinem Alltag, in deiner Welt du Spiritualität siehst und fühlst. Wo überall gibt es Beispiele dafür, dass Spiritualität ein fester Bestandteil deines Lebens ist?

. . . .

. . . .

. . . .

. . . .

. . . .

---

5. ERKENNE DEINEN ERFOLG AN

Nenne mindestens fünf Erfolge, die du heute erlebt hast.

. . . .

. . . .

. . . .

DEINE HEUTIGE GELASSENHEIT:

①②③④⑤⑥⑦⑧⑨⑩

DEIN HEUTIGES ENERGIELEVEL:

①②③④⑤⑥⑦⑧⑨⑩

Woche 12:

LEBE *Spiritualität*

---

1. TÄGLICHES GELASSENHEITS-AFFIRMATIONSRITUAL

Lies die Gelassenheits-Affirmationen laut und mit Überzeugung vor, am besten vor einem Spiegel.

2. TAGESAFFIRMATION

ICH BIN EIN *spirituelles* WESEN.

3. MEINE HEUTIGE GELASSENHEIT

Um meine Gelassenheit zu stärken. werde ich mir heute Folgendes gönnen:

. . . .

. . . .

. . . .

4. TAGESAUFGABE

Welche spirituellen Erlebnisse hattest du in deiner Vergangenheit? Wo hast du bereits erlebt, gesehen und gespürt, dass unser Leben viel mehr Dimensionen hat als nur das Sichtbare? Schreibe hier deine Reflexionen darüber auf.

. . . .

. . . .

. . . .

. . . .

. . . .

5. ERKENNE DEINEN ERFOLG AN

Nenne mindestens fünf Erfolge, die du heute erlebt hast.

. . . .

. . . .

. . . .

DEINE HEUTIGE GELASSENHEIT:

① ② ③ ④ ⑤ ⑥ ⑦ ⑧ ⑨ ⑩

DEIN HEUTIGES ENERGIELEVEL:

① ② ③ ④ ⑤ ⑥ ⑦ ⑧ ⑨ ⑩

Woche 12:

LEBE *Spiritualität*

1. TÄGLICHES GELASSENHEITS-AFFIRMATIONSRITUAL

Lies die Gelassenheits-Affirmationen laut und mit Überzeugung vor, am besten vor einem Spiegel.

2. TAGESAFFIRMATION

MEINE SPIRITUALITÄT *beleuchtet* MEINEN LEBENSWEG.

3. MEINE HEUTIGE GELASSENHEIT

Um meine Gelassenheit zu stärken, werde ich mir heute Folgendes gönnen:

....
....
....

4. TAGESAUFGABE

Was heißt es für dich ganz konkret, spirituell zu sein? Wie handelst du als spiritueller Mensch? Wie denkst und sprichst du als spiritueller Mensch?

Notiere hier deine konkreten Erkenntnisse.

....
....
....
....
....

5. ERKENNE DEINEN ERFOLG AN

Nenne mindestens fünf Erfolge, die du heute erlebt hast.

....
....
....

DEINE HEUTIGE GELASSENHEIT:

① ② ③ ④ ⑤ ⑥ ⑦ ⑧ ⑨ ⑩

DEIN HEUTIGES ENERGIELEVEL:

① ② ③ ④ ⑤ ⑥ ⑦ ⑧ ⑨ ⑩

LEBE *Spiritualität*

---

1. TÄGLICHES GELASSENHEITS-AFFIRMATIONSRITUAL

Lies die Gelassenheits-Affirmationen laut und mit Überzeugung vor, am besten vor einem Spiegel.

2. TAGESAFFIRMATION

MEINE SPIRITUALITÄT GIBT MIR TÄGLICH *Kraft* UND *Energie.*

3. MEINE HEUTIGE GELASSENHEIT

Um meine Gelassenheit zu stärken, werde ich mir heute Folgendes gönnen:

. . . .

. . . .

. . . .

4. TAGESAUFGABE

In welchen Lebensbereichen wirst du ab heute deine Spiritualität mehr leben?
Liste hier konkrete Bereiche auf.

. . . .

. . . .

. . . .

. . . .

. . . .

5. ERKENNE DEINEN ERFOLG AN

Nenne mindestens fünf Erfolge, die du heute erlebt hast.

. . . .

. . . .

. . . .

DEINE HEUTIGE GELASSENHEIT:

① ② ③ ④ ⑤ ⑥ ⑦ ⑧ ⑨ ⑩

DEIN HEUTIGES ENERGIELEVEL:

① ② ③ ④ ⑤ ⑥ ⑦ ⑧ ⑨ ⑩

Lebe *Spiritualität*

---

1. TÄGLICHES GELASSENHEITS-AFFIRMATIONSRITUAL

Lies die Gelassenheits-Affirmationen laut und mit Überzeugung vor, am besten vor einem Spiegel.

---

2. TAGESAFFIRMATION

SPIRITUALITÄT IST IN ALL MEINEN *Handlungen* SICHT- UND SPÜRBAR.

---

3. MEINE HEUTIGE GELASSENHEIT

Um meine Gelassenheit zu stärken, werde ich mir heute Folgendes gönnen:

....

....

....

---

4. TAGESAUFGABE

Was tust du heute ganz konkret, um deine Spiritualität zu leben? Dies kann eine E-Mail, ein Telefonat, eine konkrete Recherche oder Ähnliches sein.

Halte dies hier fest.

....

....

....

....

....

---

5. ERKENNE DEINEN ERFOLG AN

Nenne mindestens fünf Erfolge, die du heute erlebt hast.

....

....

....

DEINE HEUTIGE GELASSENHEIT:

①②③④⑤⑥⑦⑧⑨⑩

DEIN HEUTIGES ENERGIELEVEL:

①②③④⑤⑥⑦⑧⑨⑩

---

1. TÄGLICHES GELASSENHEITS-AFFIRMATIONSRITUAL

Lies die Gelassenheits-Affirmationen laut und mit Überzeugung vor, am besten vor einem Spiegel.

---

2. TAGESAFFIRMATION

ICH BIN IMMER VOLLKOMMEN *geborgen*.

---

3. MEINE HEUTIGE GELASSENHEIT

Um meine Gelassenheit zu stärken, werde ich mir heute Folgendes gönnen:

. . . .

. . . .

. . . .

---

4. TAGESAUFGABE

Visualisiere dein Leben, wenn du deine Spiritualität ganz in dein Leben integriert hast. Wie fühlst du dich, was tust du, wie sprichst du?

Notiere hier deine Eindrücke.

. . . .

. . . .

. . . .

. . . .

. . . .

---

5. ERKENNE DEINEN ERFOLG AN

Nenne mindestens fünf Erfolge, die du heute erlebt hast.

. . . .

. . . .

. . . .

DEINE HEUTIGE GELASSENHEIT:

① ② ③ ④ ⑤ ⑥ ⑦ ⑧ ⑨ ⑩

DEIN HEUTIGES ENERGIELEVEL:

① ② ③ ④ ⑤ ⑥ ⑦ ⑧ ⑨ ⑩

Reflexionen zur Woche 12

Lebe *Spiritualität*

1. Dankbarkeit

Menschen, die dankbar sind, haben eine positive Grundeinstellung. Dies wiederum unterstützt eine tiefe Gelassenheit. Dankbarkeit ist nicht angeboren. Dankbarkeit kann erlernt werden. Aus diesem Grund lade ich dich ein, kurz darüber nachzudenken, wofür du in der letzten Woche dankbar sein darfst. Schreibe dazu mindestens fünf Punkte auf.

. . . .

. . . .

. . . .

2. Veränderung

Was hat dich in der zwölften und letzten Woche dieses Arbeitsbuches persönlich am stärksten berührt? Schließe die Augen und spüre in dich hinein. Was ist es?

Notiere dir diesen Punkt und überlege dir, was du ab sofort im Alltag ändern kannst, damit dieser Punkt fester Bestandteil deines Lebens wird. Schreibe diese Veränderung auf.

. . . .

. . . .

. . . .

3. Entwicklung

Übertrage die Werte der letzten sieben Tage in die Diagramme.

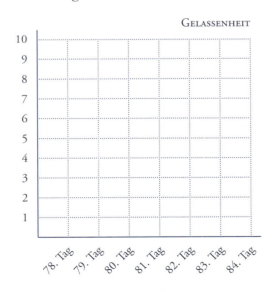

GELASSENHEIT

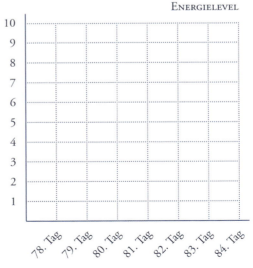

ENERGIELEVEL

Ø Gelassenheit:

Ø Energielevel:

Berechnung des Durchschnitts:
Summe / 7

WUNDERBAR, DU HAST ES GESCHAFFT

Nach diesen 12 Wochen intensiver Auseinandersetzung mit dir selbst, deiner Stimmung, deinem Energieniveau, deiner Gelassenheit, kurz: deiner Meisterschaft, lade ich dich jetzt zu einer Selbsteinschätzung ein. Zeichne in das folgende Diagramm deine ganz persönliche Entwicklung ein. Wenn du alle Aspekte, die in diesem Buch beschrieben werden zusammenfasst: auf welchem Niveau der Meisterschaft bist du vor 12 Wochen gestanden und auf welchem Niveau stehst du heute?

GELASSENHEIT

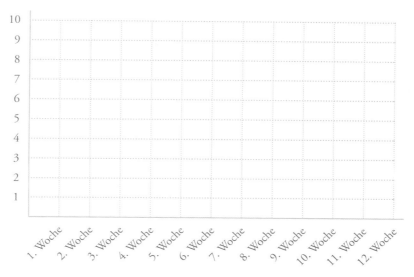

ENERGIELEVEL

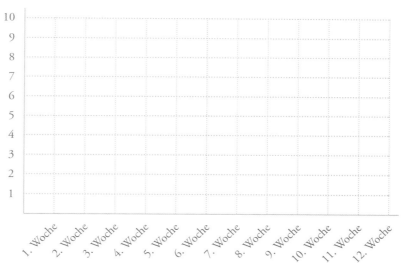

GRATULATION!

Du hast dich zwölf Wochen jeden Tag mit der Meisterschaft deines Lebens auseinandergesetzt, dich jeden Tag deiner persönlichen Weiterentwicklung gewidmet, bist fokussiert vorangegangen und hast viele Hürden überwunden.

Dazu gratuliere ich dir ganz herzlich.

Du wirst noch weit über dieses Buch hinaus von deinem Einsatz profitieren und sicherlich immer wieder einmal an dieses Arbeitsbuch mit seinen Aufgaben denken.

Wie ich dir bereits zu Beginn angeboten habe: Melde dich bei mir mit deinen Erkenntnissen, ich freue mich, von dir zu hören.

Über die Autorin

Barbara Kündig gibt seit vielen Jahren Kurse, Workshops, Einzelberatungen und Ausbildungen zu Entspannung, Yoga Nidra und Intuition weltweit.

Zudem hat sie das Online-Transformationsprogramm ‚Life Mastery' konzipiert und viele Teilnehmerinnen darin begleitet, Meisterin ihres Lebens zu werden.

Sie hat Psychologie sowie Staatswissenschaften studiert, ist Yogalehrerin und Mutter von zwei Kindern.

Sie unterrichtet und begleitet ihre Teilnehmer mit viel Liebe, Transformationskraft, Intuition, Klarheit und Humor.

Kontaktiere Barbara unter:

backoffice@barbara-kuendig.ch
www.barbara-kuendig.ch

Auswahl weiterer Bücher, CDs und Kartensets von Barbara Kündig im Windpferd Verlag:

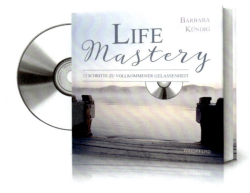

Life Mastery | Buch + CD
ISBN 978-3-86410-187-8

Mit 12 Schritten begibst du dich auf eine innere Reise und kommst dem Ziel nach Leichtigkeit einen großen Schritt näher: durch praktische Übungen für mehr Energie, innere Ruhe und Gelassenheit. Barbara Kündig zeigt dir in diesem Ratgeber, wie du lernst, deine Gefühle anzunehmen, ohne ihnen die Kontrolle zu überlassen. Öffne dein Herz, vertraue deiner Intuition und gib Spiritualität eine Chance. Mit diesem Bewusstsein wirst du zum wahren Meister deines erfüllten Lebens!

Auf der beiliegenden CD findest du alle 12 Gelassenheitsmeditationen die du über den praktischen Download-Link überallhin mitnehmen kannst.

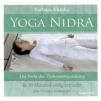

Yoga Nidra – die Perle der Tiefenentspannung
Buch und CD; 2010
ISBN 978-3-89385-637-4

Chakra Yoga Nidra – Tiefenentspannung für Körper, Geist und Chakren
Buch und CD; 2014
ISBN 978-3-86410-081-9

Yoga Nidra für Kinder
Co-Autorin: Barbara Schluep
Buch und CD; 2015
ISBN 978-3-86410-098-7

Yoga-Inspiration
Kartenset; 2011
ISBN 978-3-89385-665-7